PRENTICE HALL

MAGRUDER'S
AMERICAN GOVERNMENT

Lectura dirigida y repaso
Cuaderno de práctica

PEARSON

Prentice
Hall

Needham, Massachusetts
Upper Saddle River, New Jersey
Glenview, Illinois

ISBN 0-13-067957-7

7 8 9 10 11 12 -CRK- 10 09 08 07

TABLA DE CONTENIDO

© Pearson Education, Inc.

Los buenos resultados en estudios sociales se obtienen cuando haces bien tres cosas: leer, hacer exámenes y escribir. En las páginas siguientes encontrarás estrategias que te ayudarán a leer en busca del significado, a comprender las preguntas de los exámenes y a escribir bien.

Leer en busca del significado

¿Te cuesta trabajo recordar lo que lees? Aquí hay algunos consejos de expertos que mejorarán tu capacidad para recordar y comprender lo que lees:

ANTES DE LEER

Dar un vistazo al texto para identificar la información importante.

Así como cuando ves los avances de películas que se exhibirán próximamente en una sala de cine, un vistazo al texto te ayudará a saber qué esperar. Estudia las preguntas y las estrategias siguientes para aprender a dar un vistazo a lo que lees.

Pregúntate lo siguiente:

Usa estas estrategias para responder a las preguntas:

- ¿De qué trata el texto? ➡ Lee los encabezamientos, los subtítulos y las leyendas. Estudia las fotografías, los mapas, las tablas o las gráficas.

- ¿De qué trata el texto? ➡ Lee los encabezamientos, los subtítulos y las leyendas. Estudia las fotografías, los mapas, las tablas o las gráficas.

- ¿Cuál es el propósito del texto? ➡ Convierte los encabezamientos en preguntas con *quién, qué, cuándo, dónde, por qué* o *cómo*. Con ello determinarás si el texto compara objetos, relata una cadena de sucesos o explica causas y efectos.

MIENTRAS LEES

Organizar información para ver las conexiones o relaciones significativas.

Si tomas notas mientras lees mejorará tu comprensión. Usa ayudas gráficas, como las que se muestran a continuación, para registrar la información que vas leyendo.

Estudia estas descripciones y ejemplos para aprender a hacer cada una de las ayudas gráficas.

Poner en secuencia

Un **diagrama de flujo** te ayuda a ver cómo un suceso desencadenó otro. También sirve para mostrar los pasos de un proceso.

Usa un diagrama de flujo cuando el texto:
• hable de una cadena de sucesos.
• explique el método para hacer algo.

CONSEJO▶ Haz una lista en la que ordenas los sucesos o los pasos.

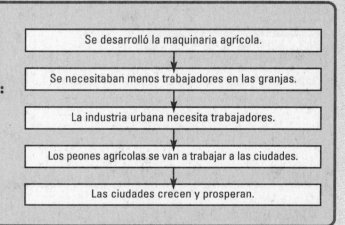

Se desarrolló la maquinaria agrícola.

↓

Se necesitaban menos trabajadores en las granjas.

↓

La industria urbana necesita trabajadores.

↓

Los peones agrícolas se van a trabajar a las ciudades.

↓

Las ciudades crecen y prosperan.

Comparar y contrastar

Un **diagrama de Venn** muestra las semejanzas y diferencias.

Usa un diagrama de Venn cuando el texto:
• compare y contraste a dos personas, grupos, lugares, objetos o sucesos.

CONSEJO▶ Escribe un título en cada sección exterior de los círculos y enumera ahí las diferencias. Escribe un título en la sección compartida y enumera ahí las semejanzas.

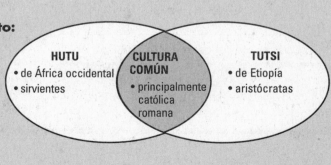

HUTU
• de África occidental
• sirvientes

CULTURA COMÚN
• principalmente católica romana

TUTSI
• de Etiopía
• aristócratas

MIENTRAS LEES

(continuación)

Clasificar información

Una **tabla** organiza la información en categorías.

Usa una tabla cuando el texto:
- enumere hechos similares sobre varios lugares o cosas.
- presente características de diferentes grupos.

CONSEJO▶ Para identificar su categoría, escribe un título adecuado en cada columna de la tabla.

PAÍS	GOBIERNO	ECONOMÍA
Cuba	dictadura comunista	economía dirigida
Puerto Rico	democracia	sistema de libre empresa

Identificar la idea principal y los detalles

Una **red de conceptos** te sirve para comprender las relaciones entre ideas.

Usa una red de conceptos cuando el texto:
- dé ejemplos que apoyan una idea principal.
- enlaza varias ideas a un tema principal.

CONSEJO▶ Anota la idea principal en el círculo más grande. Anota los detalles de apoyo en círculos más pequeños y traza líneas que muestren las relaciones.

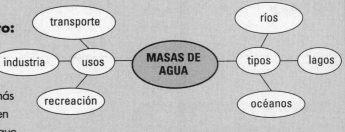

Organizar información

Un **esquema** te da un panorama general, o muestra la estructura del texto que lees.

Usa un esquema para organizar ideas:

- de acuerdo con su importancia.
- de acuerdo con el orden en que se presentan.

CONSEJO▶ Usa números romanos para la idea principal, letras mayúsculas para las ideas secundarias y números arábigos para los detalles de apoyo.

> **I. Diferencias entre el Norte y el Sur**
>   **A.** Puntos de vista sobre la esclavitud
>   **1.** abolicionistas del Norte
>   **2.** dueños de esclavos del Sur
>   **B.** Economías
>   **1.** manufactura del Norte
>   **2.** agricultura del Sur

Identificar causa y efecto

Un **diagrama de causa y efecto** muestra las relaciones entre lo que sucedió (efecto) y la razón de haber sucedido (causa).

Usa un diagrama de causa y efecto cuando el texto:

- enumere una o más causas de un suceso.
- enumere uno o más resultados de un suceso.

CONSEJO▶ Anota las causas y los efectos. Traza flechas que indiquen cómo se relacionan las ideas.

DESPUÉS DE LEER

Autoevalúate para saber lo que aprendiste del texto.

Regresa a las preguntas que te hiciste antes de leer el texto. Ahora, ya puedes dar respuestas más completas a estas preguntas:

- ¿De qué trata el texto?
- ¿Cuál es el propósito del texto?

También ya eres capaz de establecer conexiones entre la nueva información que obtuviste del texto y la que ya tenías sobre el tema.

Estudia tus ayudas gráficas. Usa esa información como la *respuesta*. Formula una *pregunta* significativa sobre cada parte de la información.

Hacer exámenes

¿Sientes temor cuando piensas en que vas a hacer una prueba estandarizada? Aquí hay algunos consejos que la mayoría de los diseñadores de exámenes recomienda para que obtengas buenas calificaciones.

PREGUNTAS DE OPCIÓN MÚLTIPLE

Lee cada parte de una pregunta de opción múltiple para asegurarte de que comprendes lo que se pregunta

Muchos exámenes son de preguntas de opción múltiple. Algunas, son **preguntas directas**. Son oraciones completas seguidas de **respuestas posibles**.

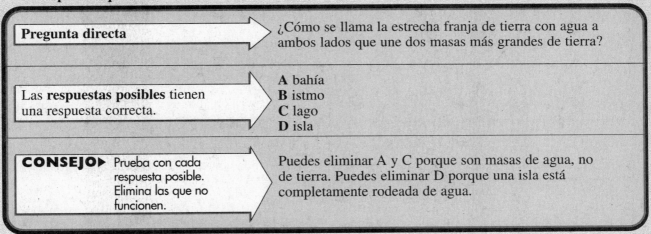

Pregunta directa → ¿Cómo se llama la estrecha franja de tierra con agua a ambos lados que une dos masas más grandes de tierra?

Las **respuestas posibles** tienen una respuesta correcta. →
A bahía
B istmo
C lago
D isla

CONSEJO► Prueba con cada respuesta posible. Elimina las que no funcionen. → Puedes eliminar A y C porque son masas de agua, no de tierra. Puedes eliminar D porque una isla está completamente rodeada de agua.

Otras preguntas de opción múltiple son las **oraciones incompletas** que debes completar. A estas preguntas les siguen las respuestas posibles.

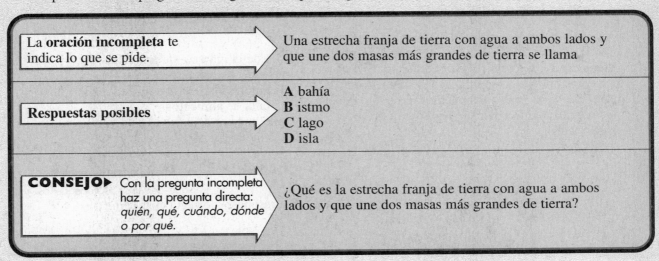

La **oración incompleta** te indica lo que se pide. → Una estrecha franja de tierra con agua a ambos lados y que une dos masas más grandes de tierra se llama

Respuestas posibles →
A bahía
B istmo
C lago
D isla

CONSEJO► Con la pregunta incompleta haz una pregunta directa: *quién, qué, cuándo, dónde o por qué.* → ¿Qué es la estrecha franja de tierra con agua a ambos lados y que une dos masas más grandes de tierra?

¿QUÉ SE EVALÚA?

Identificar el tipo de pregunta.

Los exámenes de estudios sociales suelen hacer preguntas que requieren comprensión de la lectura. También hay otras preguntas que te piden que se reúna o se interprete información de un mapa, una gráfica o una tabla. Las siguientes estrategias te ayudarán a responder a diversas clases de preguntas.

Preguntas de comprensión de la lectura

Qué hacer:

Cómo hacerlo:

1. Determina el contenido y la organización de la selección.

Lee el **título**. Examina la selección. Busca palabras clave que indiquen tiempo, causa y efecto, o comparación.

2. Analyze the questions.
¿Te piden que *recuerdes hechos*?

Busca las **palabras clave** en la oración incompleta: <u>De acuerdo</u> con la selección . . .
La selección <u>plantea</u> que . . .

¿Te piden que *hagas juicios*?

La <u>idea principal</u> de la selección es . . .
El autor <u>seguramente</u> estará de acuerdo en . . .

3. Lee la selección.

Lee rápidamente. Ten en mente las preguntas.

4. Responde a las preguntas.

Prueba con cada respuesta posible y elige la mejor. Si es necesario, consulta la selección.

Ejemplo:

Una región de diversidad El imperio Khmer fue uno de tantos reinos en el sureste de Asia. Pero, a diferencia del imperio Khmer, los demás eran pequeños porque las montañas del suroeste de Asia protegían y aislaban a los pueblos. La gente tenía poco contacto con quienes vivían fuera de su propio valle.

¿Por qué la mayoría de los reinos del sureste de Asia eran pequeños?
A la enfermedad mató a mucha gente
B la falta de alimentos
C el clima era demasiado caluroso
D las montañas aislaban a la gente

CONSEJO▶ La palabra clave <u>porque</u> explica por qué los reinos eran pequeños.
(La respuesta correcta es la D.)

(continuación)

Preguntas sobre mapas

Qué hacer:

1. Determina qué clase de información presenta el mapa.

Cómo hacerlo:

Lee el **título** del mapa. Te indicará el propósito del mapa.
Estudia la **clave del mapa**. Te explicará los símbolos del mapa.
Mira la **escala**. Te ayudará con el cálculo de distancias entre un lugar y otro en el mapa.

2. Lee la pregunta. Determina el componente en el mapa que te ayudará a hallar la respuesta.

Busca las **palabras clave** en la oración incompleta:
A <u>qué distancia</u> . . . [usa la escala]
<u>Qué productos</u> se cultivaban en . . . [usa la clave del mapa]

3. Mira el mapa y responde a la pregunta con tus propias palabras.

No leas las respuestas posibles todavía.

4. Elige la mejor respuesta.

Elige la respuesta que corresponde a la que obtuviste del mapa.

Europa Oriental: Grupos del lenguaje

¿En qué país se hablan lenguas tracio-ilirias?

A Rumania
B Albania
C Hungría
D Lituania

CONSEJO▶ Lee los rótulos y la clave para comprender el mapa. (La respuesta correcta es la B.)

Preguntas sobre gráficas

Qué hacer:	Cómo hacerlo:

Qué hacer:

1. Determina el propósito de la gráfica.

2. Determina la información de la gráfica que te ayudará a hallar la respuesta.

3. Elige la mejor respuesta.

Cómo hacerlo:

Lee el **título** de la gráfica. Te indicará lo que la gráfica representa.

Lee los **rótulos** de la gráfica o de la clave. Te indican las unidades de medición que se usaron en la gráfica.

Elige el distractor que corresponde a la respuesta que obtuviste de la gráfica.

Ejemplo

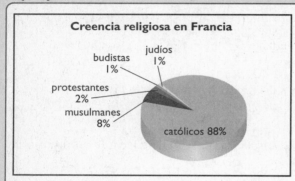

Creencia religiosa en Francia

- judíos 1%
- budistas 1%
- protestantes 2%
- musulmanes 8%
- católicos 88%

Una **gráfica circular** muestra las relaciones de las partes con el todo en cuanto a porcentajes.

Después de los católicos, la siguiente población religiosa más grande en Francias es

A budista **C** judía
B protestante **D** musulmana

CONSEJO▶ Compara los porcentajes de los rótulos.
(La respuesta correcta es la D.)

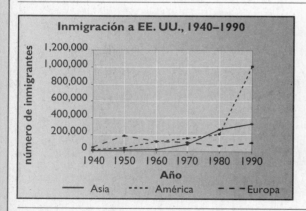

Inmigración a EE. UU., 1940–1990

número de inmigrantes: 1,200,000 / 1,000,000 / 800,000 / 600,000 / 400,000 / 200,000 / 0

Año: 1940 1950 1960 1970 1980 1990

— Asia ···· América – – Europa

Una **gráfica lineal** muestra una pauta o un cambio en el tiempo, mediante la dirección de la línea.

Entre 1980 y 1990, la inmigración desde otras partes de América hacia Estados Unidos

A se redujo un poco **C** se mantuvo casi igual
B aumentó mucho **D** aumentó mucho

CONSEJO▶ Compara la distancia vertical entre los dos puntos correctos de la gráfica lineal.
(La respuesta correcta es la B.)

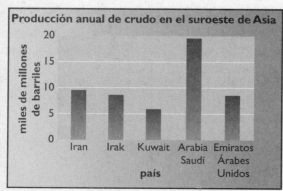

Producción anual de crudo en el suroeste de Asia

miles de millones de barriles: 20 / 15 / 10 / 5 / 0

país: Iran, Irak, Kuwait, Arabia Saudí, Emiratos Árabes Unidos

Una **gráfica de barras** compara las diferencias en cantidad, pues muestra barras de diferente tamaño.

¿Cuántos miles de millones de barriles más que Irán produce al año Arabia Saudí?

A 5 mil millones **C** 15 mil millones
B 10 mil millones **D** 20 mil millones

CONSEJO▶ Compara el tamaño de las barras para hallar la diferencia.
(La respuesta correcta es la B.)

Escribir para estudios sociales

Cuando te enfrentas a una tarea de escritura, piensas "¿Cómo voy a salir de esto?". Aquí hay algunos consejos que te orientarán de principio a fin en tus proyectos de escritura.

EL PROCESO DE ESCRITURA

Sigue paso a paso el proceso de escritura para transmitir tus mensajes con eficacia.

Paso 1. Preescritura

- Establece el propósito.
- Define el tema.
- Determina quiénes serán los lectores.
- Reúne detalles.

Paso 2. Borrador

- Organiza de manera lógica la información, en un esquema o ayuda gráfica.
- Escribe la introducción, el desarrollo y la conclusión.
- Enuncia con claridad las ideas principales.
- Incluye detalles pertinentes para apoyar tus ideas.

Paso 3. Revisión

- Edita tu escrito para aclarar las ideas y refinar el texto.

Paso 4. Lectura de prueba

- Corrige todos los errores de ortografía, gramática y puntuación.

Paso 5. Publicación y presentación

- Copia a mano el texto de manera pulcra o usa una máquina de escribir o procesador de palabras.
- Ilustra cuanto sea necesario.
- Haz una portada, si es el caso.

CLASES DE ESCRITOS PARA ESTUDIOS SOCIALES

Identificar el propósito de tu escrito.

Cada tarea de escritura tiene un propósito específico, y cada propósito necesita un plan de desarrollo. Las siguientes descripciones y ejemplos te ayudarán a identificar los tres propósitos de los escritos para estudios sociales. Los pasos de cada lista te servirán para hacer el plan de tu escrito.

Escribir para informar

Propósito: presentar hechos o ideas

Ejemplo

En los años sesenta, las investigaciones mostraron los peligros del DDT. Mataba insectos pero también tenía efectos a largo plazo. Cuando las aves y los peces comían insectos envenenados, el DDT se quedaba en su tejido graso. El veneno también apareció en los seres humanos que comían aves o peces contaminados.

CONSEJO▶ Busca estos **términos clave** en la tarea: explicar, describir, informar, narrar

Cómo empezar:
- Determina el tema de tu escrito.
- Escribe una oración sobre la idea principal.
- Enumera todas las ideas que se te ocurran que estén relacionadas con el tema.
- Acomoda las ideas en orden lógico.

Escribir para convencer

Propósito: influir en alguien

Ejemplo

La enseñanza de habilidades de computación requiere tiempo que podría servir para enseñar a los estudiantes a pensar por sí mismos o a relacionarse con los demás. Los estudiantes que razonan bien, se expresan claramente y se relacionan con los demás, estarán mejor preparados para la vida que quienes son capaces de usar una computadora.

CONSEJO▶ Busca estos **términos clave** en la tarea: convencer, argumentar, pedir

Cómo empezar:
- Asegúrate de que comprendes con claridad el problema o cuestión.
- Determina tu postura.
- Enumera la evidencia que apoya tus argumentos.
- Predice puntos de vista contrarios.
- Enumera la evidencia que puedas usar para superar los argumentos de oposición.

Escribir para dar interpretaciones históricas

Propósito: presentar la perspectiva de alguien de otra época

Ejemplo

La travesía duró una semana, pero el viaje en barco de vapor fue difícil. Estábamos confinados en el casco con cientos de personas. Al fin vimos la enorme estatua de la mujer con la antorcha. En el centro de recepción, mi madre tomó mi mano cuando el médico me revisó. Luego, mi padre mostró nuestros papeles al funcionario, y reunimos nuestro equipaje. Yo tenía miedo cuando salimos a buscar un hogar en nuestro nuevo país.

CONSEJO▶ Busca estos **términos clave** en la tarea: retroceder, crear, supón que, si tú fueras

Cómo empezar:
- Estudia los sucesos o asuntos del periodo del que escribirás.
- Considera cómo habrían afectado estos eventos o asuntos a diferentes personas de esa época.
- Elige una persona cuyo punto de vista te gustaría presentar.
- Identifica los pensamientos y sentimientos que esta persona pudo haber tenido.

INVESTIGAR PARA ESCRIBIR

Sigue paso a paso el proceso de escritura para transmitir tus mensajes con eficacia.

Después de identificar el propósito de tu escrito, necesitas investigar. Los siguientes pasos te ayudarán a hacer el plan y a reunir, organizar y presentar la información.

Paso 1. Hacer preguntas

Hazte preguntas para orientar tu investigación.	¿Qué conozco del tema? ¿Qué quiero averiguar del tema?

Paso 2. Obtener información

Localiza y usa fuentes adecuadas de información sobre el tema.	Biblioteca Búsqueda en Internet Entrevistas
Toma notas.	Sigue el estilo aceptado para enumerar las fuentes.

Paso 3. Analizar la información

Evalúa la información que hallaste.	¿Es pertinente al tema? ¿Está actualizada? ¿Es precisa? ¿El autor es una autoridad en la materia? ¿Contiene alguna parcialidad?

Paso 4. Usar información

Responde a tus preguntas de investigación con la información que hallaste. (Quizá descubras que necesitas investigar más.)	Tengo toda la información que necesito?
Organiza tu información y forma los puntos principales. Identifica los detalles de apoyo.	Acomoda las ideas en un esquema o en una ayuda gráfica.

Paso 5. Comunicar lo que aprendiste

Revisa el propósito de tu escrito y elige la manera adecuada de presentar la información.	**Propósito** | **Presentación**

Propósito	Presentación
informar	trabajo formal, documental, multimedia
convencer	ensayo, carta al editor, discurso
interpretar	diario, periódico, dramatización

Haz un borrador y revisa tu escrito; luego evalúalo.	Usa una rúbrica de autoevaluación.

EVALUACIÓN DE TU ESCRITO

Usa la siguiente rúbrica para evaluar tu escrito.

	Excelente	Bueno	Aceptable	Inaceptable
Propósito	Logra muy bien los propósitos de informar, convencer o dar interpretación histórica	Informa, convence o brinda interpretación histórica razonablemente bien	No se distingue con facilidad si el propósito es informar, convencer o dar una interpretación histórica	Carece de propósito
Organización	Desarrolla ideas de manera clara y lógica	Presenta ideas de manera razonablemente organizada	Al lector se le dificulta seguir la organización	Carece de organización
Elaboración	Explica todas las ideas con hechos y detalles	Explica casi todas las ideas con hechos y detalles	Contiene algunos hechos y detalles de apoyo	Carece de detalles de apoyo
Uso del lenguaje	Usa excelente vocabulario y estructura de sus oraciones, sin errores de ortografía, gramática ni puntuación	Usa buen vocabulario y estructura de sus oraciones, con muy pocos errores de ortografía, gramática y puntuación	Contiene algunos errores de gramática, puntuación y ortografía	Contiene muchos errores de gramática, puntuación y ortografía

A. Mientras lees

Mientras lees la Sección 1, escribe las respuestas a las siguientes preguntas.

1. ¿Cuáles son las cuatro características de un estado?

    a. _____

    b. _____

    c. _____

    d. _____

2. ¿Cuáles son las cuatro teorías de los orígenes de un estado?

    a. _____

    b. _____

    c. _____

    d. _____

3. ¿Cuáles son los seis propósitos del sistema de gobierno americano?

    a. _____

    b. _____

    c. _____

    d. _____

    e. _____

    f. _____

B. Repaso de términos claves

Define los siguientes términos. Escribe tus respuestas en una hoja de papel aparte.

    4. gobierno

    5. política pública

    6. poder legislativo

    7. poder ejecutivo

    8. poder judicial

    9. constitución

  10. dictadura

  11. democracia

  12. estado

  13. soberanía

CAPÍTULO 1

Sección 2: Lectura dirigida y repaso
Formas de gobierno

A. Mientras lees

Usa la siguiente tabla para comparar un gobierno democrático con una dictadura.

	Democracia	Dictadura
El poder soberano está en manos de:	1.	2.
Aquellos que dirigen son responsables de:	3.	4.
El poder se gana con:	5.	6.

B. Repaso de términos claves

Relaciona las descripciones en la Columna I con los términos en la Columna II. Escribe la letra correcta en cada espacio en blanco.

Columna I

_____ 7. un gobierno en el cual una sola persona tiene poder ilimitado

_____ 8. un gobierno en el cual las ramas legislativa y ejecutiva están separadas y son iguales

_____ 9. un gobierno en el cual el poder se divide entre un gobierno central y otros gobiernos locales

_____ 10. un gobierno en el cual un grupo pequeño, generalmente autoelegido, tiene el poder para dirigir

_____ 11. un gobierno en el cual todo el poder pertenece a una agencia central

_____ 12. una alianza de estados independientes

_____ 13. estructurar un gobierno para que el poder sea compartido por los gobiernos locales y un gobierno central

_____ 14. un gobierno en el cual los miembros de la rama ejecutiva también son miembros de la rama legislativa y están sujetos al control directo de la legislatura

Columna II

a. gobierno unitario

b. gobierno federal

c. confederación

d. gobierno presidencial

e. gobierno parlamentario

f. división de poderes

g. oligarquía

h. autocracia

A. Mientras lees

En la siguiente gráfica, escribe cinco conceptos básicos de la democracia y escribe una oración que los describa.

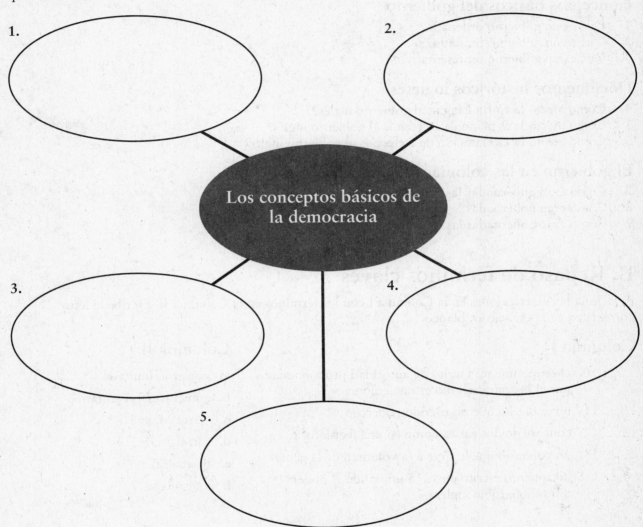

Los conceptos básicos de la democracia

1.

2.

3.

4.

5.

B. Repaso de términos claves

Responde las siguientes preguntas en una hoja de papel aparte.

6. Explica el significado del término *compromiso* cuando se relaciona a la solución de problemas en una sociedad democrática.

7. ¿Cuáles son los cuatro factores subyacentes al sistema de libre empresa?

8. ¿Cómo opera la ley de la oferta y la demanda?

9. ¿Qué es una economía mixta?

CAPÍTULO 2 Sección 1: Lectura dirigida y repaso
Nuestros comienzos políticos

A. Mientras lees

Mientras lees la sección, responde las siguientes preguntas en una hoja de papel aparte.

Conceptos básicos del gobierno

1. ¿Qué es un gobierno ordenado?
2. ¿Qué es un gobierno limitado?
3. ¿Qué es un gobierno representativo?

Documentos históricos ingleses

4. ¿Cómo afectó la Carta Magna al gobierno inglés?
5. ¿Cómo afectó la Petición de Derechos al gobierno inglés?
6. ¿Cómo afectó la Declaración de Derechos al gobierno inglés?

El gobierno en las colonias

7. ¿Cómo eran gobernadas las colonias reales?
8. ¿Cómo eran gobernadas las colonias registradas?
9. ¿Cómo eran gobernadas las colonias fundadoras?

B. Repaso de términos claves

Relaciona las descripciones en la Columna I con los términos en la Columna II. Escribe la letra correcta en cada espacio en blanco.

Columna I

_____ 10. el otorgamiento escrito de autoridad proporcionado por el rey para establecer una colonia

_____ 11. un gobierno que no es todo poderoso

_____ 12. consiste de dos casas, como en una legislatura

_____ 13. un gobierno que le sirve a la voluntad de la gente

_____ 14. documento escrito en 1215 limitando el poder de la monarquía inglesa

Columna II

a. gobierno limitado

b. gobierno representativo

c. Carta Magna

d. carta

e. bicameral

f. unicameral

La llegada de la independencia

A. Mientras lees

Las fechas en la tabla de abajo indican desarrollos importantes y eventos relacionados a la independencia americana. Mientras lees la Sección 2, llena la tabla escribiendo una descripción breve del significado de cada fecha.

Año/Fecha	Descripción del evento
1. 1643	
2. 1696	
3. 1754	
4. 1765	
5. 1770, marzo 5	
6. 1772	
7. 1773, diciembre 16	
8. 1774, primavera	
9. 1774, septiembre 5	
10. 1775, abril 19	
11. 1775, mayo 10	
12. 1776, junio 7	
13. 1776, julio 2	
14. 1776, julio 4	
15. 1781, marzo 1	

B. Repaso de términos claves

Define los siguientes términos.

16. delegados _____

17. confederación _____

18. revocación _____

Sección 3: Lectura dirigida y repaso
El período crítico

A. Mientras lees

Mientras lees la Sección 3, responde las siguientes preguntas en una hoja de papel aparte o en el espacio proporcionado.

Los Artículos de la Confederación

1. Describe la estructura de gobierno establecida por los Artículos de la Confederación.

Llena la tabla de abajo con los 10 poderes otorgados al Congreso bajo los Artículos.

Poderes del Congreso bajo los Artículos de la Confederación	
2. _____	7. _____
3. _____	8. _____
4. _____	9. _____
5. _____	10. _____
6. _____	11. _____

12. ¿Qué obligaciones tenían los estados entre ellos?

13. ¿Qué obligaciones tenían los estados con los ciudadanos?

14. ¿Qué poderes no tenía el Congreso?

El período crítico de la década de 1780

15. ¿Qué acción del gobierno se llevó a cabo en respuesta a la rebelión de Shay?

La necesidad de un gobierno más fuerte

16. ¿Cuál fue la meta de la Convención Constitucional?

B. Repaso de términos claves

Define los siguientes términos.

17. ratificación _____

18. funcionario que preside _____

A. Mientras lees

La siguiente tabla contiene los planes iniciales para una Constitución y el "montón de compromisos" que resultaron de los planes. Mientras lees la Sección 4, completa la tabla llenando los cuadros proporcionados.

Plan o compromiso	Provisiones	Tipo de estados que fueron beneficiados
El plan de Virginia	1.	2.
El plan de New Jersey	3.	4.
El compromiso de Connecticut	5.	6.
El compromiso de los tres quintos	7.	8.
El compromiso del comercio y tráfico de esclavos	9.	10.

11. Nombra un grupo cuyos intereses parecen haber sido ignorados, o dañados por los compromisos que creó la Constitución. _____

B. Repaso de términos claves

En una hoja de papel aparte, usa el término clave de abajo en una oración que muestre su significado.

12. Redactores

© Pearson Education, Inc.

CAPÍTULO 2

Sección 5: Lectura dirigida y repaso
Ratificar la Constitución

A. Mientras lees

Mientras lees la sección, llena los espacios proporcionados escribiendo detalles relacionados en forma de respuestas a las preguntas 1 a 5.

La lucha por la ratificación

1. ¿Cuáles fueron las posiciones de cada lado hacia la ratificación?

  a. Federalistas: _____

  b. Antifederalistas: _____

2. ¿Cuáles fueron los cinco temas involucrados en el debate de ratificación?

  a. _____

  b. _____

  c. _____

  d. _____

  e. _____

3. ¿Cuáles fueron los dos estados de los que dependía el éxito o fracaso de la ratificación?

_____ y _____

Inaugurar el gobierno

4. ¿Dónde se ubicó la primera capital nacional? _____

5. ¿Quiénes fueron el primer presidente y vicepresidente de la nueva nación?

  a. Presidente: _____

  b. Vicepresidente: _____

B. Repaso de términos claves

Identifica a los siguientes personajes como federalista o antifederalista. En los espacios proporcionados, escribe una A para antifederalista o una F para federalista.

6. James Madison _____

7. Patrick Henry _____

8. Alexander Hamilton _____

© Pearson Education, Inc.

Sección 1: Lectura dirigida y repaso
Los seis principios básicos

A. Mientras lees

Mientras lees la Sección1, escribe una descripción de cada uno de los principios básicos de la Constitución mostrados en la tabla siguiente.

Principio	Descripción
Soberanía popular	1.
Gobierno limitado	2.
Separación de poderes	3.
Frenos y equilibrios	4.
Revisión judicial	5.
Federalismo	6.

B. Repaso de términos claves

Completa cada enunciado escribiendo el término correcto en el espacio en blanco proporcionado.

7. La idea de que el gobierno y sus dirigentes estén sujetos siempre a, y nunca sobre, la ley se describe como _____.

8. El principio de _____ expresa el concepto de que el gobierno debe de ser conducido de acuerdo con los principios constitucionales.

9. La revisión judicial es el poder de declarar una acción de gobierno que viola alguna provisión de la Constitución para ser _____.

10. El _____ es la introducción breve con la que empieza la Constitución.

CAPÍTULO 3

Sección 2: Lectura dirigida y repaso
Enmienda formal

A. Mientras lees

Mientras lees la Sección 2, responde las siguientes preguntas.

Proceso de enmienda formal

1. ¿Cuáles son los dos pasos involucrados en el primer método de enmendar la Constitución?

   a. _____

   b. _____

2. ¿Cuáles son los dos pasos involucrados en el segundo método de enmendar la Constitución?

   a. _____

   b. _____

3. ¿Cuáles son los dos pasos involucrados en el tercer método de enmendar la Constitución?

   a. _____

   b. _____

4. ¿Cuáles son los dos pasos involucrados en el cuarto método de enmendar la Constitución?

   a. _____

   b. _____

Las 27 Enmiendas

5. ¿Qué es la Declaración de Derechos? _____

   _____

6. ¿Qué enmiendas resultaron de la Guerra Civil? _____

   _____

B. Repaso de términos claves

Usa cada término en una oración que refleje su significado.

7. enmienda _____

8. enmienda formal _____

A. Mientras lees

Mientras lees la Sección 3, completa la gráfica siguiente escribiendo una definición breve de cada método de cambio informal y proporciona un ejemplo de cada uno.

Legislación básica

1. Definición: _____

_____

2. Ejemplo: _____

_____

Acción ejecutiva

3. Definición: _____

_____

4. Ejemplo: _____

_____

Proceso de cambio informal

Decisiones de la corte

5. Definición: _____

_____

6. Ejemplo: _____

_____

Prácticas del partido

9. Definición: _____

_____

10. Ejemplo: _____

_____

Costumbre

7. Definición: _____

_____

8. Ejemplo: _____

_____

B. Repaso de términos claves

Define los siguientes términos.

11. el tratado _____

12. acuerdo ejecutivo _____

13. cortesía senatorial _____

CAPÍTULO 4

Sección 1: Lectura dirigida y repaso
Federalismo: la división del poder

A. Mientras lees

Mientras lees la Sección 1, escribe *N* en el primer cuadro proporcionado si el poder dado pertenece SÓLO al gobierno nacional, *E* si pertenece SÓLO al gobierno estatal o *A* si pertenece a ambos. En el segundo cuadro, escribe si cualquier poder perteneciente al gobierno nacional es un ejemplo de un poder expresado, implícito o inherente.

Poder	Nacional (N), Estatal (E) o Ambos (A)	Expresado, implícito o inherente
1. cobrar impuestos		
2. construir un sistema de autopistas interestatales		
3. regular la inmigración		
4. dar licencias a los doctores		
5. hacer tratados		
6. mantener a las fuerzas armadas		
7. declarar la guerra		
8. deportar a los extranjeros		
9. prohibir la discriminación racial en el acceso a los restaurantes		
10. establecer sistemas de escuelas públicas		
11. castigar los crímenes		
12. acuñar monedas		
13. regular la venta de licor		
14. regular el comercio interestatal		

B. Repaso de términos claves

Completa cada oración escribiendo el término correcto en el espacio en blanco proporcionado.

15. Un sistema de gobierno en el cual los poderes están divididos entre un gobierno central y varios gobiernos regionales se llama _____.

16. Los poderes _____ son aquéllos hechos a un lado por los estados.

17. _____ entre el gobierno nacional y los estados se nombró en la Declaración de Derechos.

Sección 2: Lectura dirigida y repaso
El gobierno nacional y los 50 estados

A. Mientras lees

Mientras lees la Sección 2, responde las siguientes preguntas en las líneas proporcionadas.

Las obligaciones de la nación hacia los estados

1. Una forma republicana de gobierno es _____.

2. Tres obligaciones que define la Constitución para el gobierno nacional en beneficio de los
   estados son: a. _____

   b. _____

   c. _____

Admitir nuevos estados

3. Un acto del Congreso que dirige a un territorio que quiere volverse estado a completar una
   propuesta de constitución de estado se llama _____.

4. Una ley del Congreso que decide concederle condición de estado a un territorio es _____
   _____.

Federalismo cooperativo

5. El término general para el dinero federal o los recursos otorgados a los estados o gobiernos locales es
   _____.

6. Un ejemplo de una forma en que los estados ayudan al gobierno nacional es _____
   _____.

B. Repaso de términos claves

Relaciona las descripciones en la Columna I con los términos en la Columna II. Escribe la letra
correcta en cada espacio en blanco.

Columna I

_____ 7. dinero federal otorgado al estado para un propósito
específico

_____ 8. dinero federal dado a los estados u otros gobiernos
para ser gastado con menos controles federales

_____ 9. programa de ayuda federal vigente de 1972 a 1987
en el cual el Congreso les da a los estados una parte de los
impuestos federales

_____ 10. dinero federal dado a agencias privadas, estados o
gobiernos locales que lo solicitan

Columna II

a. ingreso compartido

b. subvención categórica

c. subvención de proyecto

d. subvención en bloque

CAPÍTULO 4

Sección 3: Lectura dirigida y repaso
Relaciones interestatales

A. Mientras lees

La tabla siguiente te ayudará a organizar la información sobre relaciones interestatales. Mientras lees la Sección 3, escribe la respuesta para cada pregunta en los espacios proporcionados.

Relaciones interestatales
1. Alianzas interestatales ¿Por qué muchos estados sienten la necesidad de formar alianzas con otros estados? _____ _____
2. Fe absoluta y crédito ¿Cuáles son las tres áreas en las que los estados dan fe absoluta y crédito a los ciudadanos de otros estados? _____ _____
3. Extradición ¿Qué es extradición? _____ _____ _____
4. Privilegios e inmunidad ¿Cuál sería un ejemplo de una discriminación razonable que un estado puede ejercer en contra de un ciudadano de otro estado? _____ _____ _____

B. Repaso de términos claves

Define los siguientes términos en el espacio proporcionado.

5. alianza interestatal _____

6. Cláusula de fe absoluta y crédito _____

7. Cláusula de privilegios e inmunidades _____

Sección 1: Lectura dirigida y repaso
Los partidos y lo que hacen

CAPÍTULO 5

A. Mientras lees

Mientras lees la Sección 1, escribe las respuestas correctas en los espacios en blanco proporcionados en la siguiente tabla.

Funciones de los partidos políticos		
Función	**Descripción**	**Explicación**
1. _____	seleccionar a candidatos	La actividad que separa a los partidos políticos de otros grupos políticos.
Informar y motivar a partidarios	Informar a la gente y motivar sus intereses en los asuntos públicos.	Los partidos comparten esta función con los 2. _____ y los grupos de 3. _____ .
Agente de enlace	Trata de seleccionar a candidatos que sean 4. _____ y de buen carácter.	Después de que los candidatos son elegidos, el partido les da un empujón para que hagan las cosas bien o sufrirán en la siguiente 5. _____
Gobernar	Ayuda a las ramas 6. _____ y ejecutiva a trabajar juntas.	Muchos nombramientos de la rama ejecutiva se hacen en base al 7. _____ o lealtad a un partido político.
8. _____	El partido que está 9. _____ _____ critica al partido que controla el gobierno.	La oposición leal urge a los electores a 10. _____ _____

B. Repaso de términos claves

Completa cada oración escribiendo el término correcto en el espacio en blanco proporcionado.

11. Todos los _____ pueden definirse como grupos de personas que se unen porque quieren tener control del gobierno ganando las elecciones.

12. La lealtad a un partido político se conoce como _____ .

13. En Estados Unidos, los _____ más grandes son los demócratas y los republicanos.

14. El partido que controla la rama ejecutiva se conoce como el _____ .

CAPÍTULO 5

Sección 2: Lectura dirigida y repaso
El sistema bipartidista

A. Mientras lees

Mientras lees la Sección 2, llena los espacios de abajo explicando cómo contribuye cada factor a la estabilidad del sistema bipartidista en Estados Unidos.

1. Bases históricas: _____

   _____

2. Tradición: _____

   _____

3. Sistema electoral: _____

   _____

4. Consenso ideológico: _____

   _____

B. Repaso de términos claves

Define los siguientes términos.

5. partido minoritario _____

6. sistema bipartidista _____

7. distrito de un solo miembro _____

8. pluralidad _____

9. sociedad pluralista _____

10. consenso _____

11. pluripartidista _____

12. sistema de un solo partido _____

Sección 3: Lectura dirigida y repaso **CAPÍTULO**
El sistema bipartidista en la historia americana

A. Mientras lees

En una hoja de papel aparte, dibuja una tabla como la que se muestra abajo. Llena la tabla mientras lees la Sección 3.

	Período de dominio (si se aplica)	Partidarios	Dirigentes
Federalistas	1.	2.	3.
Republicanos de Jefferson	4.	5.	6.
Demócratas de Jackson	7.	8.	9.
Whigs	10.	11.	12.
Republicanos	13.	14.	15.
Demócratas de la post Guerra Civil	16.	17.	18.
Demócratas del Nuevo Trato	19.	20.	21.

En una hoja de papel aparte, describe los hechos importantes para cada uno de los siguientes períodos.

22. Era de los demócratas, 1800–1860

23. Era de los republicanos, 1860–1932

24. Regreso de los demócratas, 1932–1968

B. Repaso de términos claves

En una hoja de papel aparte define los siguientes términos.

25. incumbente

26. facción

27. electorado

28. regionalismo

CAPÍTULO 5

Sección 4: Lectura dirigida y repaso
Partidos minoritarios

A. Mientras lees

Mientras lees la Sección 4, define y da ejemplos de los cuatro tipos de partidos minoritarios en la tabla de abajo.

	Definición	Ejemplos
Partidos ideológicos	1.	2.
Partidos de un solo objetivo	3.	4.
Partidos de protesta económica	5.	6.
Partidos disidentes	7.	8.

Responde las siguientes preguntas en una hoja de papel aparte.

9. ¿Qué les sucede a los partidos de un solo objetivo?

10. ¿Qué tipo de partido minoritario ha sido más efectivo ganando votos?

11. ¿Qué tipo de partido minoritario ha durado más?

12. ¿Qué funciones útiles han desempeñado los partidos minoritarios en la historia americana?

B. Repaso de términos claves

Decide si cada uno de los siguientes partidos teóricos es un ejemplo de un partido ideológico, de uno de un solo objetivo o de uno disidente. Escribe el término correcto en el espacio proporcionado.

_____ 13. El partido de "Libre Selección" está formado por gente que intenta legalizar el uso de la mariguana para propósitos médicos.

_____ 14. Un grupo de demócratas, no está satisfecho con el candidato moderado nominado por el partido y ha decidido formar un nuevo partido de los "derechos de la gente" para apoyar a su líder más liberal Henry J. Smith.

_____ 15. Un grupo de granjeros y obreros del oeste medio forman el partido de la "Gente Trabajadora", y quieren conseguir remuneraciones más altas, mayores subsidios a las granjas y limitaciones en los términos del Congreso.

_____ 16. El partido de la "Justicia Socialista" pide un cambio completo en los sistemas legales, económicos y políticos americanos.

_____ 17. El partido de la "Igualdad" está trabajando para hacer que se termine con los programas de acción afirmativa.

A. Mientras lees

Mientras lees la Sección 5, completa la tabla siguiente proporcionando la información faltante en los espacios en blanco proporcionados.

Maquinaria del partido nacional		
Mecanismo	**Término o cuándo se lleva a cabo**	**Función**
Convención nacional	1. _____ _____	2. _____ _____
Comité nacional	3. _____ _____	4. _____ _____
Presidente nacional	5. _____ _____	6. _____ _____
Campaña del Congreso	7. _____ _____	8. _____ _____

Completa cada oración escribiendo el término correcto en el espacio en blanco proporcionado.

9. Dos factores que contribuyen a la descentralización de los partidos son _____ y _____.

10. El partido que no está en el poder opera en desventaja porque no tiene un líder comparable al _____.

11. En años recientes, ha habido un incremento importante en el número de electores que se han autoidentificado como _____.

B. Repaso de términos claves

En una hoja de papel aparte, define los siguientes términos.

12. distrito

13. precinto

14. votación de boletas divididas

CAPÍTULO 6

Sección 1: Lectura dirigida y repaso
El derecho al voto

A. Mientras lees

La tabla siguiente ilustra la expansión del sufragio. Mientras lees la Sección 1, llena los cuadros proporcionados describiendo la porción de la población americana que fue calificada para votar en el período de tiempo dado.

1. _____
la Constitución   1789

2. _____
los requisitos religiosos y   1850
de propiedad disminuyeron

3. _____
la Decimoquinta Enmienda   1870

4. _____
la Decimonovena Enmienda   1920

5. _____
Movimiento de los Derechos Civiles   década de 1960

6. _____
la Vigesimosexta Enmienda   1971

Escribe el término correcto en el espacio en blanco proporcionado.

Durante los últimos doscientos años, los americanos han ampliado el derecho al (**7.**) _____ eliminando barreras basadas en creencias (**8.**) _____, posesión de la (**9.**) _____, pago de (**10.**) _____, raza y (**11.**) _____. Al mismo tiempo, el gobierno (**12.**) _____ ha asumido una función mayor decidiendo quien puede votar y cómo deberán ser las elecciones.

B. Repaso de términos claves

Relaciona las descripciones en la Columna I con los términos en la Columna II. Escribe la letra correcta en cada espacio en blanco. Puedes usar dos términos para responder una pregunta.

Columna I

_____ **13.** el derecho a votar

_____ **14.** la población electora potencial

Columna II

a. electorado

b. franquicia

c. sufragio

Sección 2: Lectura dirigida y repaso
Requisitos de los votantes

A. Mientras lees

Mientras lees la Sección 2, responde las siguientes preguntas en el espacio proporcionado.

1. De acuerdo con la Constitución, ¿los extranjeros pueden votar? _____
_____

2. ¿El gobierno de algún estado, hoy en día, permite a los extranjeros votar? _____
_____

3. ¿Cuáles son las dos razones por las que los estados adoptaron los requerimientos de residencia?
   a. _____
   b. _____

4. ¿Cuál es el período más largo de residencia que cualquier estado, hoy en día, requiere antes de permitir que voten los nuevos residentes? _____

5. ¿Cuál es el mínimo de edad que un estado puede exigir para votar? _____
_____

6. ¿Qué tipo de información se les pide a los votantes cuando se registran para votar? _____
_____

7. **a.** ¿Por qué algunas personas piden que el registro de votación sea abolido? _____
   b. ¿Por qué otros creen que el registro es importante? _____
_____

8. ¿Cuáles fueron las tres provisiones de la ley de registro para votantes al renovar licencia de manejo?
_____

9. ¿Por qué fueron abolidas las pruebas de alfabetización? _____
_____

10. ¿En qué región del país se usó alguna vez el impuesto sobre los votantes? ¿Por qué fue abolido?
_____

11. ¿Qué grupos de personas estaban prescriptos para votar? _____
_____

B. Repaso de términos claves

Completa cada oración escribiendo el término correcto en el espacio en blanco proporcionado.

12. _____ es la habilidad para leer o escribir.

13. Un _____ era una suma de dinero que tenía que ser pagada por el votante en el momento en el que él o ella emitiera un voto.

14. _____ es un procedimiento para identificación de los electores.

15. Los oficiales de las elecciones debían de _____ regularmente sus _____ de los nombres de aquellas personas ya que no cumplían con los requerimientos para votar.

16. Muchos estados prohiben que se consideren residentes legales a los _____, la gente que vive ahí por un período corto de tiempo.

Sección 3: Lectura dirigida y repaso
Sufragio y derechos civiles

A. Mientras lees

Mientras lees la Sección 3, completa los párrafos de abajo, escribiendo las respuestas correctas en los espacios en blanco proporcionados.

LA VIGESIMOQUINTA ENMIENDA fue ratificada en (1.) _____. Dice que a ningún ciudadano se le puede negar el sufragio basándose en su (2.) _____, color o condición previa de (3.) _____. Aunque esta enmienda fue creada para enrolar a hombres (4.) _____, no fue utilizada en casi 100 años.

LA LEY DE LOS DERECHOS CIVILES DE 1957 estableció la (5.) _____ y le dio el derecho al procurador general del estado de buscar (6.) _____ para prevenir acciones que interfirieran con los derechos de votar de los ciudadanos calificados.

LA LEY DE LOS DERECHOS CIVILES DE 1960 proporcionado el nombramiento de (7.) _____ federales. Su deber fue asegurarse de que los ciudadanos calificados se les permitiera (8.) _____ y (9.) _____ en las elecciones federales.

LA LEY DE LOS DERECHOS CIVILES DE 1964 prohibió requerimientos de (10.) _____ discriminatorios. Se apoyó fuertemente en el uso del sistema de (11.) _____ para vencer la discriminación racial. Sus defectos fueron claros cuando Martin Luther (12.) _____ organizó una campaña de registro para votar en la ciudad de (13.) _____. Los esfuerzos para registrar a los electores afroamericanos se encontraron con oposición violenta.

LA LEY DE DERECHO AL VOTO DE 1965 atacó el uso de (14.) _____ y pruebas de (15.) _____. Autorizó el nombramiento de (16.) _____ en cualquier estado o condado en el cuál menos de (17.) _____ del electorado hubiera sido registrado o (18.) _____ en las elecciones de 1964. En 1975 la ley se extendió para cubrir los estados y condados en los que más de (19.) _____ por ciento de la población adulta pertenece a los siguientes grupos: (20.) _____ _____

B. Repaso de términos claves

Escribe la definición correcta para cada uno de los siguientes términos en una hoja de papel aparte y di por qué fueron importantes.

21. *gerrymandering*

22. requerimiento judicial de no acción

23. aprobación previa

Sección 4: Lectura dirigida y repaso
Comportamiento del votante

CAPÍTULO 6

A. Mientras lees

Mientras lees la sección, responde las siguientes preguntas.

1. ¿Qué tipo de años electorales tiene la mayor cantidad de electores? _____

2. ¿Qué es "fatiga electoral"? _____

3. ¿Cuál es el grupo más grande de "los que no pueden votar"? _____

4. ¿Por qué algunos de los no votantes deliberadamente escogieron no votar? _____
_____

5. ¿Qué es "caída en la zona de tiempo"? _____

6. ¿Cuál es la razón principal para que muchos votantes no voten? _____

7. ¿Cómo los siguientes factores afectan la probabilidad de que la gente vote o no?

   a. nivel de ingreso: _____

   b. ocupación: _____

   c. educación: _____

   d. edad: _____

   e. sexo: _____

   f. identificación del partido: _____

Llena las características en la tabla de abajo para comparar algunos factores que influencian para que la gente vote por los demócratas o republicanos.

	Demócratas	Republicanos
Ingreso/Ocupación	8.	9.
Educación	10.	11.
Sexo/Edad	12.	13.
Religión	14.	15.
Origen étnico	16.	17.
Geografía	18.	19.

B. Repaso de términos claves

En una hoja de papel aparte, define los siguientes términos.

20. elecciones en un año no electoral

21. eficacia política

22. socialización política

23. brecha de géneros

24. identificación de partido

25. votación de boletas no divididas

26. votación de boletas divididas

27. independientes

CAPÍTULO 7

Sección 1: Lectura dirigida y repaso
El proceso de nominación

A. Mientras lees

Completa la tabla siguiente mientras lees la Sección 1. Para cada método de nominación, escribe cuándo se puso en uso y el procedimiento para nominar a candidatos.

Método de nominación	Cómo funciona
Auto anuncio	1.
Cónclave	2.
Reunión de delegados	3.
Elecciones primarias directas	4.
Elecciones primarias cerradas	5.
Elecciones primarias abiertas	6.
Petición	7.

Responde las siguientes preguntas en una hoja de papel aparte.

8. ¿Por qué es particularmente importante el proceso de nominación en un sistema bipartidista?

9. ¿Cuáles son algunas de las críticas populares al proceso de elecciones primarias?

B. Repaso de términos claves

Lee los enunciados de abajo. Si es verdadero, escribe V en el espacio en blanco proporcionado. Si es falso, escribe F. Después, vuelve a escribir el enunciado en una hoja de papel aparte para hacerlo verdadero.

_____ 10. Nominación significa nombrar a candidatos que buscarán un cargo.

_____ 11. A comienzos del período nacional, los candidatos presidenciales de los partidos mayoritarios fueron nominados por las legislaturas del estado.

_____ 12. En una planilla de elección primaria, los electores pueden nominar a un candidato demócrata y a uno republicano para cada cargo.

_____ 13. En los estados en los que se requiere que los nominados ganen una pluralidad del voto popular, a veces es necesario agilizar las elecciones primarias.

_____ 14. En una elección no partidaria, los candidatos no son identificados por sus partidos.

Sección 2: Lectura dirigida y repaso
Las elecciones

CAPÍTULO
7

A. Mientras lees

1. Escribe un párrafo breve resumiendo la información que se da en "La administración de las elecciones".

Completa la tabla siguiente mientras lees la Sección 2. Para cada método de votación, escribe sus características principales y las ventajas o desventajas que tenga.

Método de votación	Características	Ventajas/Desventajas
Voto por voz	2.	3.
Boletas electorales de papel antiguas	4.	5.
Boletas electorales australianas	6.	7.
Boletas electorales de puesto-grupo	8.	9.
Boletas electorales de partido-columna	10.	11.
Votación por correo	12.	13.
Votación por computadora	14.	15.

B. Repaso de términos claves

En una hoja de papel aparte, define los siguientes términos.

16. voto ausentista

17. efecto de arrimarse

18. precinto

19. lugar de votación

20. boleta electoral

CAPÍTULO 7

Sección 3: Lectura dirigida y repaso
El dinero y las elecciones

A. Mientras lees

Llena los espacios abajo para organizar la información sobre el dinero y el proceso electoral. Debajo de cada idea principal, escribe tres detalles de la Sección 3 que la apoyen.

Idea principal A: Los candidatos gastan una buena cantidad de dinero en campañas políticas.

1. _____
2. _____
3. _____

Idea principal B: Los donadores privados vienen en diferentes formas y tamaños.

4. _____
5. _____
6. _____
7. _____
8. _____

Idea principal C: Las leyes de la Comisión Federal Electoral (FEC) cubren cuatro áreas.

9. _____
10. _____
11. _____
12. _____

Idea principal D: Hay tres lagunas principales en las leyes de financiamiento de campañas.

13. _____
14. _____
15. _____

B. Repaso de términos claves

En una hoja de papel aparte, define los siguiente términos.

16. comité de acción política
17. subsidio
18. dinero blando
19. dinero duro

Sección 1: Lectura dirigida y repaso
La formación de la opinión pública

A. Mientras lees

Completa la tabla siguiente mientras lees la Sección 1. Para cada fuente de información dada, escribe el tipo de información comunicada.

Factores que moldean la opinión pública	
Fuentes	Tipos de información comunicada
La familia	1.
Las escuelas	2.
Los medios de comunicación	3.
Los grupos generacionales	4.
Los líderes de opinión	5.
Los eventos históricos	6.

Escribe las respuestas a las preguntas 7 y 8 en una hoja de papel aparte.

7. ¿Qué significa el decir "existen muchos públicos en Estados Unidos"?

8. ¿Por qué son particularmente importantes la familia y la escuela en la formación del punto de vista político de la gente?

B. Repaso de términos claves

En una hoja de papel aparte, define los siguientes términos.

9. asuntos públicos

10. opinión pública

11. medios de información

12. grupo generacional

13. líder de opinión

CAPÍTULO 8

Sección 2: Lectura dirigida y repaso
Medir la opinión pública

A. Mientras lees

Completa la tabla de abajo mientras lees la Sección 2. Describe cómo se mide la opinión pública y qué tan precisa es esta medición.

Medida	¿Cómo y qué tan bien?
Eleciones	1.
Grupos de interés	2.
Medios de comunicación	3.
Contratos personales	4.
Encuestas	5.

Lista los cinco pasos del proceso de votación. Da una descripción breve de cada uno de ellos.

6. Paso 1 _____
_____

7. Paso 2 _____
_____

8. Paso 3 _____
_____

9. Paso 4 _____
_____

10. Paso 5 _____

B. Repaso de términos claves

En una hoja de papel aparte, usa cada uno de los términos siguientes en un enunciado que muestre su significado.

11. mandato

12. grupo de interés

13. encuesta de opinión pública

14. voto sin valor

15. muestra

16. muestra aleatoria

17. muestreo por cuota

Los medios de comunicación

A. Mientras lees

Completa la tabla siguiente mientras lees la Sección 3. Lista los medios en orden de su grado de influencia en la opinión pública y da ejemplos de cada uno.

Medio	Ejemplos
1.	
2.	
3.	
4.	

Escribe las respuestas a las preguntas 5 a 7 en los espacios en blanco proporcionados.

5. ¿Cómo ayudan los medios de información a formar la agenda pública? _____
_____

6. ¿Cómo ha influenciado la televisión a cada uno de los siguientes?

    a. el poder de los partidos políticos _____
_____

    b. las campañas políticas _____

7. ¿Qué factores limitan la influencia de los medios de información? _____
_____

B. Repaso de términos claves

En una hoja de papel aparte, define los siguientes términos.

    8. medio _____

    9. agenda pública _____

    10. *sound bite* _____

CAPÍTULO 9

Sección 1: Lectura dirigida y repaso
La naturaleza de los grupos de interés

A. Mientras lees

Usa la información de la Sección 1 para llenar los siguientes hechos de apoyo bajo cada idea principal.

Idea principal A: Los grupos de interés difieren de los partidos políticos en varias formas.

1. _____
2. _____
3. _____

Idea principal B: Los grupos de interés han sido considerados históricamente con sospecha.

4. James Madison advirtió en contra del _____
5. Madison quiso moderar el poder de los grupos de interés mediante _____
_____

Idea principal C: Los grupos de interés cubren muchas funciones en la sociedad americana.

6. _____
7. _____
8. _____
9. _____
10. _____
11. _____

Idea principal D: Los grupos de interés también generan un número de problemas para Estados Unidos.

12. _____
13. _____
14. _____
15. _____

B. Repaso de términos claves

Define los términos listados abajo en los espacios proporcionados.

16. grupo de interés _____
17. política pública _____
18. asuntos públicos _____

Sección 2: Lectura dirigida y repaso
Tipos de grupos de interés

CAPÍTULO
9

A. Mientras lees

1. En una hoja de papel aparte, escribe cuatro oraciones que resuman la información dada sobre los grupos de interés, bajo el título "Una tradición americana".

Mientras lees la Sección 2, completa la tabla siguiente llenado el tipo de grupos de interés o los ejemplos de dichos grupos.

Tipo de grupo de interés	Ejemplos
Grupos de negocios	2. _____
Grupos laborales	3. _____
4. _____	National Grange, American Farm Bureau, National Farmers Union
Grupos profesionales	5. _____
6. _____	ACLU, Sierra Club, National Women's Political Caucus
7. _____	American Legion, Older Americans, Inc., NAACP
8. _____	National Council of Churches, American Jewish Congress, National Catholic Welfare Council
Grupos de interés público	9. _____

B. Repaso de términos claves

Relaciona los grupos en la Columna I con el tipo de grupos de interés en la Columna II.

Columna I

_____ 10. un grupo que empuja las políticas públicas que benefician más a toda la gente en el país, sin importar si pertenecen al grupo de apoyo o no

_____ 11. un grupo de interés para un segmento de la comunidad de negocios

_____ 12. una organización de trabajadores que tiene el mismo tipo de trabajo o que trabajan en la misma industria

Columna II

a. asociación de comercio

b. sindicato de trabajadores

c. grupo de interés público

CAPÍTULO 9

Sección 3: Lectura dirigida y repaso
Grupos de interés en acción

A. Mientras lees

Mientras lees la Sección 3, escribe tres detalles que apoyen cada una de las ideas principales proporcionadas.

Idea principal A: Los grupos de interés tratan de influenciar la opinión pública.

1. _____
   _____

2. _____
   _____

3. _____
   _____

Idea principal B: Los grupos de interés ayudan y usan a los partidos políticos.

4. _____
   _____

5. _____
   _____

6. _____
   _____

Idea principal C: El "cabildeo" involucra muchas funciones.

7. _____
   _____

8. _____
   _____

9. _____
   _____

B. Repaso de términos claves

En una hoja de papel aparte, define cada término clave y úsalo en una oración.

10. propaganda

11. grupo de interés único

12. cabildeo

13. bases

Sección 1: Lectura dirigida y repaso
La legislatura nacional
CAPÍTULO 10

A. Mientras lees

Los principales puntos de la Sección 1 están abajo en forma de preguntas. Mientras lees la sección, escribe las respuestas.

Dos Cámaras del Congreso

1. ¿Cuál es la razón histórica por la que los americanos escogen un sistema bicameral? _____
   _____

2. ¿Cuál es la razón práctica por la que los americanos escogen un sistema bicameral? _____
   _____

3. ¿ Cuál es la razón teórica por la que los americanos escogen un sistema bicameral? _____
   _____

Períodos y sesiones

4. ¿Qué es un período en el Congreso? _____
   _____

5. ¿Qué es una sesión del Congreso? _____
   _____

6. ¿Cuántas sesiones hay en un período en el Congreso? _____

B. Repaso de términos claves

Define los siguientes términos.

7. postergar _____

8. sesión especial _____

Sección 2: Lectura dirigida y repaso
La Cámara de Representantes

A. Mientras lees

Usando la información de esta sección, completa la tabla siguiente, la cual muestra datos relacionados con la Cámara de Representantes.

Características de la Cámara	Descripción
1. Tamaño	
2. Períodos	
3. Fecha de elección	

Características de sus miembros	Requisitos
4. Edad	
5. Tiempo de ciudadanía	
6. Residencia	

B. Repaso de términos claves

Define los siguientes términos.

7. *gerrymandering* _____

_____

8. redistribución de distritos electorales _____

9. elección en año no electoral _____

_____

A. Mientras lees

Usando la tabla de información en esta sección, compara los datos del Senado con los datos de la Cámara y llena los espacios en blanco en la tabla.

El Congreso

Característica	Cámara	Senado
Tamaño	435	1. _____
Duración del período	2 años	2. _____
Fecha de las elecciones	El martes siguiente al primer lunes en noviembre de cada año par	3. _____ _____ _____
Requisitos		
Edad	Al menos 25 años	4. _____
Tiempo de ciudadanía	Al menos 7 años	5. _____
Residencia	Habitante del estado	6. _____
Cómo fue seleccionado		
Originalmente	Por los votantes en el distrito	7. _____
Hoy	Por los votantes en el distrito	8. _____

B. Repaso de términos claves

Completa cada enunciado escribiendo el término correcto en el espacio en blanco proporcionado.

9. El Senado es un _____, lo que significa, que todas las posiciones nunca estarán para elección al mismo tiempo.

10. _____ son la gente y los intereses que representan los senadores.

CAPÍTULO 10

Sección 4: Lectura dirigida y repaso
Los miembros del Congreso

A. Mientras lees

Mientras lees la Sección 4, responde las siguientes preguntas acerca de las funciones de los miembros del Congreso y de la compensación y privilegios del trabajo.

Funciones ejecutadas por un miembro del Congreso

1. **Legislador:** ¿Qué hace un legislador? _____

2. **Miembro del comité:** ¿Qué hacen los miembros como parte del comité del Congreso? _____
   _____

3. **Fideicomisario:** ¿Cuándo un miembro del Congreso actúa como fideicomisario? _____
   _____

4. **Delegado:** ¿Cuándo un miembro del Congreso actúa como delegado? _____
   _____

5. **Partidario:** ¿Cuándo un miembro del Congreso actúa como partidario? _____
   _____

6. **Político:** ¿Cuándo un miembro del Congreso actúa como político? _____
   _____

Compensación y privilegios

7. **Salario:** ¿Cuál es el salario actual de un miembro del Congreso? _____

8. **Compensación fuera del salario:** ¿Cuáles son algunas de las prestaciones suplementarias de un miembrodel Congreso? _____
   _____

9. **Privilegios:** ¿A qué se refiere la frase "el manto de la inmunidad legislativa"? _____
   _____

B. Repaso de términos claves

Define los siguientes términos.

10. distrito electoral _____

11. función de vigilancia _____

Sección 1: Lectura dirigida y repaso
El alcance de los poderes del Congreso

A. Mientras lees

Compara los conceptos de construcción estricta y liberal mientras completas la siguiente tabla.

Construcción de la Constitución		
	Estricta	**Liberal**
Definición	1. _____	2. _____
Proponente mayor	3. _____	4. _____
Actitud hacia los poderes implicados	5. _____	6. _____
Actitud hacia el poder nacional	7. _____	8. _____
Actitud hacia el poder del estado	9. _____	10. _____

B. Repaso de términos claves

Completa cada enunciado escribiendo el término correcto en el espacio en blanco proporcionado.

11. La Constitución da poderes al Congreso de tres formas:

    a. a través de lo _____, o poderes claramente establecidos,

    b. a través de lo _____, poderes (poderes deducidos de los poderes claramente establecidos),

    c. a través de los poderes _____, aquéllos poseídos por todos los estados soberanos.

CAPÍTULO 11

Sección 2: Lectura dirigida y repaso
Los poderes expresados del dinero y del comercio

A. Mientras lees

Completa la siguiente tabla mostrando los poderes mayores otorgados al Congreso por la Constitución en las áreas de dinero y comercio.

Poderes Constitucionales del Congreso sobre el dinero y el comercio	
Poder	**Le permite al Congreso . . .**
Imponer impuestos	1. _____ _____
Préstamos	2. _____ _____
Comercio	3. _____ _____
Moneda	4. _____ _____
Bancarrota	5. _____ _____

B. Repaso de términos claves

Define los siguientes términos.

6. impuesto _____

_____

7. impuesto indirecto _____

_____

8. déficit financiero _____

_____

9. deuda pública _____

_____

10. moneda de curso legal _____

_____

11. bancarrota _____

_____

Sección 3: Lectura dirigida y repaso
Otros poderes expresados

A. Mientras lees

Escribe los puntos de apoyo en el siguiente esquema respondiendo a las preguntas.

Poderes de las relaciones extranjeras

1. ¿Qué partes del gobierno nacional comparten el poder en el campo de asuntos extranjeros? _____
_____

2. ¿Qué parte es responsable, en primera instancia, de conducir relaciones internacionales? _____
_____

3. ¿Cuál es la función de los estados en los asuntos extranjeros y por qué? _____
_____

Poderes de guerra

4. ¿Quién tiene el poder de declarar la guerra? _____

5. ¿Qué dijo la Resolución de Poderes de Guerra de 1973? _____
_____

Otros poderes expresados

6. ¿Qué poder le da al Congreso el derecho de hacer leyes que regulen el correo? _____
_____

7. ¿Cuál es la función del Instituto Nacional de Estándares y Tecnología en el cumplimiento de un poder expresado? _____
_____

Poderes judiciales

8. La Constitución menciona específicamente las cuatro clases siguientes de crímenes federales:

   a. _____

   b. _____

   c. _____

   d. _____

9. ¿Qué parte del gobierno nacional tiene el poder expreso de crear y mantener la organización de las cortes federales? _____

B. Repaso de términos claves

Completa cada oración escribiendo el término correcto en el espacio en blanco proporcionado.

10. _____ es el proceso de convertir a los que no son ciudadanos en ciudadanos.

11. El _____ protege el derecho de un autor sobre los escritos originales.

12. Una _____ protege los derechos de un inventor sobre sus inventos.

13. _____ es el derecho de un gobierno para volver la propiedad privada en propiedad de uso público.

CAPÍTULO 11
Sección 4: Lectura dirigida y repaso
Los poderes implícitos

A. Mientras lees

Completa la siguiente línea cronológica insertando los eventos correctos descritos en la Sección 4 en los espacios indicados. Después responde las preguntas.

1. 1790
Hamilton recomendó
_____
_____
_____

3. 1816
El Congreso creó
_____
_____
_____

5. 1819
La Corte Suprema decretó
_____
_____
_____

2. 1791
El Congreso estableció
primero
_____
_____

4. 1818
Maryland puso un
impuesto a
_____
_____

B. Repaso de términos claves

6. Explica por qué a la Cláusula propia y necesaria se le ha llamado con frecuencia Cláusula elástica.

_____
_____
_____
_____
_____

7. ¿Por qué el Congreso tiene el poder de apropiarse de fondos para varios propósitos?

_____
_____
_____
_____

Sección 5: Lectura dirigida y repaso
Los poderes no legislativos

A. Mientras lees

En una hoja de papel aparte, responde las siguientes preguntas mientras lees la Sección 5.

Enmiendas constitucionales

1. ¿Cuáles son las dos formas en las que el Congreso puede proponer enmiendas a la Constitución?
2. ¿Cuáles son algunos puntos actuales que muchos americanos piensan que podrían ser enmiendas constitucionales?

Deberes electorales

3. ¿Qué deber electoral tiene la Cámara?
4. ¿Qué deber electoral tiene el Senado?

Impugnación

5. ¿Qué función tiene la Cámara en el proceso de impugnación?
6. ¿Qué función tiene el Senado en el proceso de impugnación?

Poderes ejecutivos

7. ¿Cuáles son los dos poderes ejecutivos que posee el Senado?
8. ¿Qué es la "cortesía del senado"?

Poderes de investigación

9. ¿Cuál es el foro usual para las investigaciones del Congreso?
10. ¿Cuáles son algunas de las razones que originan investigaciones del Congreso?

B. Repaso de términos claves

Completa las oraciones escribiendo el término correcto en el espacio en blanco proporcionado.

11. Es el Senado, no la Cámara, que tiene el poder único para _____ al presidente, vicepresidente y a todos los oficiales civiles de Estados Unidos.

12. El Congreso puede _____ a alguien emitiendo una condenación formal de las acciones individuales.

CAPÍTULO 12

Sección 1: Lectura dirigida y repaso
El Congreso organiza

A. Mientras lees

Completa organizador gráfico mostrando la estructura de la Cámara de los Representantes y del Senado. Llena los oficiales que presiden, que faltan en el organizador y marca cada cuadro, usando la clave proporcionada para indicar si cada oficial es un oficial de partido, un oficial que preside una oficina o ambos.

Cámara
Oficial que preside y líder de partido
1. _____

Oficiales de partido	
2. _____	3. _____
4. _____	5. _____

Senado
Oficiales que presiden

6. _____	7. _____

Oficiales de partido	
8. _____	9. _____
10. _____	11. _____

B. Repaso de términos claves

Responde las siguientes preguntas en una hoja de papel aparte.

12. ¿Cuáles son las funciones del Presidente de la Cámara?

13. ¿Cuáles son las funciones del Presidente del Senado?

14. ¿Cuáles son las funciones de los líderes del recinto y los líderes de partido en ambas cámaras?

A. Mientras lees

Completa el organizador gráfico de abajo respondiendo las preguntas acerca de los comités del Congreso.

Comités permanentes

1. ¿Qué es un comité permanente? _____
_____

2. ¿Cuáles son las funciones de los comités? _____

3. Da 3 ejemplos de dichos comités. _____
_____
_____
_____

Comités escogidos

4. ¿Qué es un comité escogido? _____
_____

5. ¿Qué hace un comité escogido? _____
_____

6. Da 2 ejemplos de un comité escogido desde 1987. _____
_____
_____
_____

Tipos de comités del Congreso

Comités conjuntos

7. ¿Qué es un comité conjunto? _____
_____

8. ¿Qué hace un comité conjunto? _____
_____

9. Da 3 ejemplos de un comité conjunto.
_____
_____
_____

Comités de asamblea

10. ¿Qué es un comité de asamblea? _____
_____

11. ¿Qué hace un comité de asamblea? _____
_____

B. Repaso de términos claves

Responde la siguiente pregunta en una hoja de papel aparte.

12. ¿Por qué el Comité de Reglas de la Cámara actúa como un "policía de tránsito" en la cámara baja?

CAPÍTULO 12 Sección 3: Lectura dirigida y repaso
Cómo un proyecto de ley se convierte en ley: La Cámara

A. Mientras lees

Completa la información escribiendo las respuestas en los espacios en blanco proporcionados.

1. Muchos proyectos de ley son introducidos al Congreso por _____
_____

2. Un proyecto de ley es _____

3. Una resolución trata _____

4. Una resolución conjunta es como un proyecto de ley porque _____
_____

5. Una resolución concurrente trata _____
_____

6. En la primera lectura de un proyecto de ley, el secretario _____
_____

7. Los cinco cursos de acción que una comisión puede tomar en un proyecto de ley son: _____
_____
_____
_____
_____

8. Los cuatro tipos de votos en la Cámara son: _____
_____
_____
_____

9. Después de que se ha aprobado un proyecto de ley y lo ha firmado el Presidente de la Cámara, ____
_____
_____
_____

B. Repaso de términos claves

Define los siguientes términos.

10. cláusula adicional _____

11. quórum _____

12. resolución común _____

13. petición de liberación _____

14. comité plenario _____

El proyecto de ley en el Senado

A. Mientras lees

Llena los espacios en blanco en el flujograma siguiente que representa el movimiento de un proyecto de ley en el Senado.

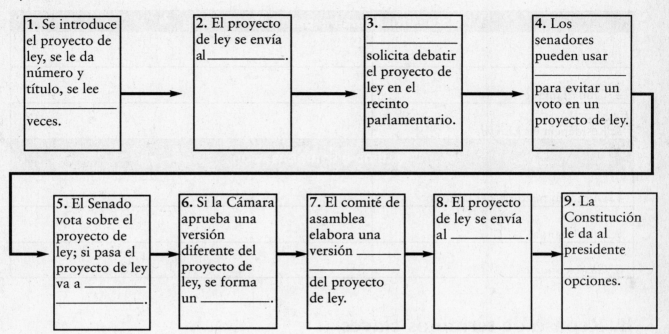

1. Se introduce el proyecto de ley, se le da número y título, se lee _____ veces.

2. El proyecto de ley se envía al _____.

3. _____ solicita debatir el proyecto de ley en el recinto parlamentario.

4. Los senadores pueden usar _____ para evitar un voto en un proyecto de ley.

5. El Senado vota sobre el proyecto de ley; si pasa el proyecto de ley va a _____.

6. Si la Cámara aprueba una versión diferente del proyecto de ley, se forma un _____.

7. El comité de asamblea elabora una versión _____ del proyecto de ley.

8. El proyecto de ley se envía al _____.

9. La Constitución le da al presidente _____ opciones.

B. Repaso de términos claves

Completa cada enunciado escribiendo el término correcto en el espacio en blanco proporcionado.

10. El Senado está reacio a usar _____ para limitar el debate.

11. En la práctica, sólo la amenaza de un _____, un intento de "hablar del proyecto de ley hasta morir", puede resultar en una falla del Senado para considerar ciertos proyectos de ley.

12. Si no se actúa en 10 días después de que el proyecto de ley se envió al Congreso, el presidente _____.

13. El Presidente puede _____ un proyecto de ley que le envió el Congreso negándose a firmarlo.

Sección 1: Lectura dirigida y repaso
La descripción de cargo del Presidente

A. Mientras lees

Mientras lees la Sección 1, escribe una descripción breve de cada una de las funciones del Presidente que se dan a continuación.

Requisitos formales para el Presidente	
1. Edad	
2. Ciudadanía	
3. Residencia en EE.UU.	
Término y compensación	
4. Duración máxima del período	
5. Salario anual	
6. Gastos anuales	

B. Repaso de términos claves

Relaciona las descripciones en la Columna I con los términos en la Columna II. Escribe la letra correcta en cada espacio.

Columna I

_____ 7. jefe de estado

_____ 8. primer mandatario

_____ 9. jefe de la administración

_____ 10. jefe diplomático

_____ 11. comandante en jefe

_____ 12. jefe de le legislación

_____ 13. jefe del partido

_____ 14. jefe de la ciudadanía

Columna II

a. propone leyes al Congreso

b. jefe del gobierno en ceremonias

c. representa al pueblo americano

d. encabeza la burocracia federal

e. determina la política exterior

f. dirige su partido político

g. comanda las fuerzas armadas

h. que se cumplan las leyes de la nación

© Pearson Education, Inc.

A. Mientras lees

Mientras lees la Sección 2, escribe en las siguientes líneas el orden correcto en la sucesión presidencial.

El orden de la sucesión en la presidencia

1. _____

2. _____

3. _____

4. _____

5. _____

Responde las siguientes preguntas en los espacios en blanco que se proporcionan.

6. ¿Qué opciones da la Constitución cuando el Presidente está incapacitado? _____
_____

7. ¿Qué tareas da la Constitución al Vicepresidente? _____
_____

8. ¿Cómo se acostumbra a seleccionar al Vicepresidente? _____
_____

9. ¿Cómo se cubriría la vicepresidencia si quedara vacante? _____
_____

B. Repaso de términos claves

Escribe la definición de cada término en los espacios en blanco que se proporcionan.

10. sucesión presidencial _____
_____
_____

11. balancear la lista de candidatos _____
_____
_____

CAPÍTULO 13 Sección 3: Lectura dirigida y repaso
Selección del Presidente: el plan de los redactores

A. Mientras lees

Mientras lees la Sección 3, responde las preguntas en los espacios en blanco que se proporcionan.

1. ¿Cuáles son los tres métodos de elección presidencial comentados por los redactores? _____
_____
_____

2. ¿Cómo arreglaban los redactores las elecciones para seleccionar al presidente y vicepresidente?
_____

3. ¿Porqué los redactores escogieron este método para elegir al presidente? ¿Qué tipo de persona consideraban como elector? _____

4. ¿Cómo afectó al colegio electoral el surgimiento de partidos políticos? _____
_____

5. ¿Cómo la elección de 1800 condujo a la aceptación de la Decimosegunda Enmienda? _____
_____

B. Repaso de términos claves

Utiliza cada término clave en un enunciado que exprese su significado.

6. elecciones presidenciales _____
_____

7. colegio electoral _____
_____

Sección 4: Lectura dirigida y repaso
Nominación presidencial

A. Mientras lees

Completa el siguiente esquema llenando los espacios en blanco que se proporcionan.

El papel de las convenciones

1. Desde 1800 hasta 1824, los candidatos presidenciales eran seleccionados por _____
_____.

2. In 1832 ese sistema fue reemplazado por la _____.

3. Hoy, los partidos Democrático y Republicano designan en cada estado un número de delegados del partido basado en el voto electoral del estado y _____.

4. El procedimiento para seleccionar delegados en elección partidista interna es gobernado por leyes estatales y/o _____.

Elección partidista interna presidencial

5. Una elección partidista interna estatal para presidente puede ser un proceso para _____
_____ o para indicar _____.

6. La elección partidista interna del tipo el-ganador-se-lleva-todo ha desaparecido en favor de _____

7. Los pocos estados que no tienen elecciones partidistas internas seleccionan delegados en _____
_____ y _____.

La convención nacional

8. El _____ es el estatuto de los principios básicos de un partido.

9. El _____ es el discurso dado usualmente en el primer día de una convención.

¿Quién es nominado?

10. Un presidente _____ que quiere ser elegido nuevamente es usualmente nominado.

11. La mayor parte de la gente que ha sido nominada para presidente ha servido anteriormente como _____.

B. Repaso de términos claves

Define los siguientes términos.

12. elección partidista interna _____
_____
_____

13. representación proporcional _____
_____
_____

CAPÍTULO 13
Sección 5: Lectura dirigida y repaso
La elección

A. Mientras lees

Usando la información de la Sección 5, completa la siguiente tabla que presenta diferentes planes para elegir al presidente.

Sistema actual o propuesto	¿Cómo funciona?	Defectos
Colegio electoral	1.	2.
Plan de distrito	3.	4.
Plan proporcional	5.	6.
Elección popular directa	7.	8.
Plan de dividendo nacional	9.	10.

11. ¿En cuáles de las últimas tres elecciones el ganador del voto popular perdió la presidencia por el voto electoral? _____ _____ _____

B. Repaso de términos claves

Define el siguiente término.

12. electorado _____

_____

© Pearson Education, Inc.

A. Mientras lees

Mientras lees la Sección 1, completa las siguientes frases.

Artículo II

1. El artículo II es conocido como _____ porque establece la presidencia.

2. El artículo II establece los siguientes poderes presidenciales:

   a. _____

   b. _____

   c. _____

   d. _____

   e. _____

   f. _____

3. Empezando en la Convención de Philadelphia en 1787, ha existido un conflicto entre aquellos que quieren una _____ y otros que quieren una

   _____.

Por qué el poder presidencial ha crecido

4. A través de la historia americana, aquellos que quieren una _____ han prevalecido generalmente.

5. Una de las razones para el crecimiento del poder presidencial en la nación ha sido el aumento en la complejidad de _____.

6. La frecuente necesidad por _____ ha fortalecido también el poder presidencial.

7. Aun _____ ha fortalecido la presidencia aprobando leyes que refuerzan las actividades del ejecutivo.

El punto de vista presidencial

8. Algunos presidentes poderosos y efectivos han reforzado la teoría _____, la cual considera una visión amplia de sus poderes.

9. Los críticos del poder presidencial fuerte, comparan al presidente con un emperador, llamando a la presidencia fuerte _____.

B. Repaso de términos claves

Define el siguiente término en la línea proporcionada.

10. medios de comunicación _____

    _____

    _____

Sección 2: Lectura dirigida y repaso
Poderes ejecutivos del presidente

A. Mientras lees

Mientras lees la Sección 2, usa la tabla siguiente para indicar si el poder es implícito o expresado y para explicar cada poder que se lista.

Los poderes ejecutivos del presidente		
Función	¿Implícito o expresado?	Da al presidente el poder de …
Ejecutar leyes	1.	2.
El decreto de poder	3.	4.
La asignación de poder	5.	6.
La eliminación de poder	7.	8.

B. Repaso de términos claves

Utiliza los siguientes términos claves en oraciones que expliquen el significado del término.

9. juramento de cargo _____

_____

10. orden ejecutiva _____

_____

A. Mientras lees

Mientras lees la Sección 3, completa las ideas llenando los espacios en blanco.

El poder de hacer tratados

1. Un tratado es un acuerdo formal entre _____.

2. Después que el Presidente negocia un tratado, _____ debe aprobarlo mediante el voto de _____.

3. Los presidentes Tyler y McKinley motivaron al Congreso para aprobar _____ para anexar territorio después de la aprobación del tratado que había sido rechazado por el Senado.

Acuerdos ejecutivos

4. Un acuerdo ejecutivo es _____.

5. Una diferencia entre un acuerdo ejecutivo y un tratado es que el acuerdo ejecutivo no requiere

_____.

El poder de reconocimiento

6. Mediante el ejercicio del poder de reconocimiento, el Presidente reconoce _____

_____ de otro país y su gobierno.

7. El rápido reconocimiento de un país y su gobierno puede _____ su existencia.

8. El desagrado con la conducta de algún país puede manifestarse haciendo que el Presidente solicite

_____.

9. El rechazo diplomático más serio que una nación puede manifestar hacia otra es _____

Comandante en jefe

10. Los poderes del presidente como comandante en jefe son casi _____.

11. Los presidentes han desplegado fuerzas armadas en combate sin _____.

12. El poder del presidente como comandante en jefe es mayor durante _____.

13. El Congreso aprobó la Resolución de Poderes de Guerra en 1973 para limitar los poderes presidenciales de declaración de guerra en respuesta a _____.

14. La constitucionalidad de la Resolución de Poderes de Guerra continúa _____.

B. Repaso de términos claves

Define el siguiente término.

15. *persona non grata* _____

Sección 4: Lectura dirigida y repaso
Poderes legislativo y judicial

A. Mientras lees

Mientras lees la Sección 4, completa las listas sobre poderes legislativos escribiendo las palabras o frases correctas sobre los espacios en blanco proporcionados.

1. Utilizando su poder de comunicación, el presidente envía los siguientes tres mensajes principales al Congreso:

   a. _____

   b. _____

   c. _____

2. Las cuatro opciones que tiene el presidente sobre las medidas aprobadas por el Congreso son:

   a. _____

   b. _____

   c. _____

   d. _____

3. A través de la historia, los presidentes han aplicado su poder de veto para incluir _____ que les permite cancelar cantidades de dólares en gastos.

4. El Artículo II, Sección 3 permite al presidente citar al Congreso en _____.

5. Ningún presidente ha usado aún el poder de _____ sobre el Congreso.

B. Repaso de términos claves

Relaciona las descripciones en la Columna I con los términos en la Columna II. Escribe la letra correcta en cada espacio.

Columna I

_____ 6. perdón general extendido a un grupo de violadores de la ley

_____ 7. piedad o indulgencia otorgada en caso de ofensas federales

_____ 8. retraso de ejecución de una sentencia impuesta por la corte

_____ 9. reducción de la severidad de una sentencia impuesta por la corte

_____ 10. perdón legal sobre un crimen

Columna II

a. conmutación

b. clemencia

c. amnistía

d. indulto

e. perdón

Sección 1: Lectura dirigida y repaso

La burocracia federal

CAPÍTULO
15

A. Mientras lees

Responde a las preguntas en las líneas proporcionadas.

¿Qué es una burocracia?

1. Menciona las tres características principales de una burocracia y explica su importancia.

a. _____

b. _____

c. _____

Elementos principales de la burocracia federal

2. ¿En qué forma se refiere la Constitución a la burocracia federal? _____

_____

3. ¿Cuáles son los dos departamentos que la Constitución anticipa?

a. _____   b. _____

El juego de los nombres

Define los siguientes títulos de las unidades de la rama ejecutiva y da un ejemplo de cada una. Puedes usar el contenido de la sección y la tabla en la página 417 de la Edición del estudiante.

4. departamento _____

_____

5. agencia _____

_____

6. administración _____

_____

7. comisión _____

8. corporación/autoridad _____

Agencias de asesoría y de línea

Define los siguientes términos y proporciona un ejemplo.

9. agencia asesora _____

10. agencia de línea _____

B. Repaso de términos claves

En una hoja de papel aparte, usa cada término en una oración que represente el significado del término.

11. burócrata   12. administración

Sección 2: Lectura dirigida y repaso
El despacho ejecutivo del presidente

A. Mientras lees

Mientras lees la Sección 2, utiliza la siguiente tabla para organizar información sobre el despacho ejecutivo del presidente (DEP). Describe la función principal de cada agencia en el despacho ejecutivo mostrado en los incisos 1 al 11.

Agencias del despacho ejecutivo	Función
1. Despacho ejecutivo de la Casa Blanca	
2. Consejo de seguridad nacional	
3. Despacho de administración y presupuesto	
4. Despacho nacional en política de control de drogas	
5. Consejo de consultores económicos	
6. Despacho de desarrollo de políticas	
7. Consejo de igualdad ambiental	
8. Despacho del Vicepresidente	
9. Despacho de los representantes comerciales de EE.UU.	
10. Despacho de ciencia y tecnología	
11. Despacho de administración	

B. Repaso de términos claves

Define cada uno de los términos proporcionados en la línea correspondiente.

12. presupuesto federal _____

13. año fiscal _____

14. asuntos internos _____

Sección 3: Lectura dirigida y repaso

Los departamentos del ejecutivo

A. Mientras lees

Mientras lees la Sección 3, responde las siguientes preguntas.

1. ¿Cuál es otro nombre que se da a los departamentos ejecutivos? _____

2. ¿Cuál es el título que se da a los jefes de la mayoría de los departamentos del ejecutivo?

_____

3. ¿Cuál es el título que se da al jefe del Departamento de Justicia? _____

4. ¿Cuáles son las dos principales obligaciones de los jefes de los departamentos del ejecutivo?

_____

_____

5. ¿Cuántos departamentos del ejecutivo hay actualmente? _____

6. ¿Alrededor de qué porcentaje de empleados de departamentos del ejecutivo son gente de carrera, no designados políticamente? _____

7. ¿Alrededor de qué porcentaje de empleados de departamentos del ejecutivo no trabajan en Washington D.C.? _____

8. ¿Cuál es la función del Gabinete? _____

_____

9. ¿Cuál es el proceso para designar los jefes de los departamentos del ejecutivo? _____

_____

10. ¿Cuál es la razón para la existencia del Gabinete? _____

11. ¿Cuándo se nombró a la primera mujer en el Gabinete? _____

12. ¿Qué presidente nombró el número más grande de mujeres y minoría en su Gabinete? _____

_____

B. Repaso de términos claves

Define el siguiente término en el espacio proporcionado.

13. departamento ejecutivo _____

_____

_____

CAPÍTULO 15

Sección 4: Lectura dirigida y repaso
Agencias independientes

A. Mientras lees

Mientras lees la Sección 4, completa la tabla siguiente describiendo los tres tipos de agencias independientes y dando al menos dos ejemplos de cada tipo de agencia.

Agencias independientes		
Tipo de agencia	**Funciones**	**Ejemplos**
Agencias independientes del ejecutivo	1.	2.
Comisiones reguladoras independientes	3.	4.
Corporaciones del gobierno	5.	6.

B. Repaso de términos claves

Completa cada enunciado escribiendo el término o frase correcta en el espacio en blanco proporcionado.

7. El término agencia independiente significa que la agencia no es parte de los _____
_____.

8. Las comisiones reguladoras independientes son cuerpos _____,
lo cual significa que tienen poder para hacer reglas y reglamentos.

9. Ellas también tienen poderes cuasi judiciales, que ejercen mediante _____
_____.

A. Mientras lees

Mientras lees la Sección 5, responde las preguntas siguientes sobre la forma de seleccionar a empleados federales.

1. ¿Cómo seleccionaron los primeros presidentes a los oficiales federales? _____
   _____

2. ¿Cómo seleccionó Jackson a los oficiales federales? _____
   _____

3. ¿Qué acción gubernamental inició la reforma del servicio civil y cómo funcionó? _____
   _____

4. ¿Cuáles dos agencias administran y vigilan el servicio civil actualmente? Describe las funciones de cada una. _____
   _____
   _____
   _____

5. ¿Cómo la Ley de las Actividades Políticas de los Empleados Federales de 1993 suavizó las restricciones instituidas por la Ley Hatch en 1939? _____
   _____
   _____
   _____

B. Repaso de términos claves

Usando cada término que se da a continuación, forma una oración que muestre el significado del término.

6. sistema de los despojos _____
   _____

7. influencia _____

8. registro _____

9. bipartidismo _____

10. servicio civil _____
    _____

Sección 1: Lectura dirigida y repaso
Los impuestos

A. Mientras lees

Escribe las respuestas a las siguientes preguntas en las líneas que se proporcionan.

El poder de fijar impuestos

1. ¿Cuáles son las limitaciones constitucionales expresas al poder de fijar impuestos?

   a. _____

   b. _____

   c. _____

   d. _____

2. ¿Cuáles son las limitaciones implícitas del gobierno federal para fijar impuestos a los estados y gobiernos locales?

   a. _____

   b. _____

Los impuestos federales actuales

3. ¿Cuáles son los seis tipos de impuestos para generación del ingreso aplicados por el gobierno federal?

   a. _____

   b. _____

   c. _____

   d. _____

   e. _____

   f. _____

Fijar impuestos para fines no lucrativos

4. ¿Por qué razón, excluyendo la generación de ingreso, permite al Congreso recaudar impuestos y cómo se limita este poder?

   a. _____

   b. _____

B. Repaso de términos claves

5. ¿Cuál es la diferencia entre impuestos progresivos y regresivos? _____

_____

Pon una marca en la frase que expresa correctamente el impuesto y el ejemplo del impuesto.

❏ 6. impuesto de nómina; Medicare

❏ 7. impuesto al consumo; impuesto federal sobre la importación de cacahuate

❏ 8. impuesto progresivo; impuesto sobre la renta

❏ 9. derecho de aduana; impuesto sobre los productos del tabaco

❏ 10. impuesto regresivo; Medicare

❏ 11. impuesto sucesorio; impuesto a la herencia

❏ 12. declaración de impuestos; forma de impuestos sobre la renta

❏ 13. impuesto sobre donaciones; impuesto sobre donaciones mayores de 1,000 dólares

Sección 2: Lectura dirigida y repaso
Préstamos e ingresos sin impuestos

A. Mientras lees

Responde a las siguientes preguntas mientras lees la Sección 2.

Ingresos sin impuestos

1. ¿De cuáles fuentes el gobierno recauda interés como ingreso sin impuestos?
_____
_____

2. ¿Qué es señoraje? _____

3. ¿Qué corporación del gobierno genera ingresos sin impuestos para el gobierno?
_____

Préstamos

4. ¿Cuáles son las tres razones por las cuales el gobierno solicita préstamos? _____
_____
_____

5. Explica el proceso por el cual el gobierno solicita préstamos. _____
_____
_____

La deuda pública

6. ¿Cuál ha sido la tendencia de la deuda pública en los últimos 20 años? _____
_____

B. Repaso de términos claves

Define los siguientes términos en el espacio proporcionado.

7. interés _____
_____

8. déficit _____
_____

9. superávit o excedente _____
_____

10. deuda pública _____
_____

CAPÍTULO 16 Sección 3: Lectura dirigida y repaso
El gasto y el presupuesto

A. Mientras lees

Completa la siguiente tabla completando la información que hace falta en los espacios proporcionados.

Gasto federal		
Tipo de gasto	**Significado**	**Ejemplos**
Gasto controlado	1. _____ _____ _____	2. a. _____ b. _____ c. _____
Gasto no controlado	3. _____ _____ _____	4. a. _____ b. _____ c. _____

Mientras lees la sección, contesta las siguientes preguntas.

5. ¿Quién inicia el proceso de gasto? _____
_____

6. ¿Cómo sirve el presupuesto federal como un argumento político? _____
_____

7. ¿Cuáles son las tres categorías, de acuerdo con la tabla de la página 460, en las que el gobierno ha gastado más dinero desde 1970? _____
_____

8. ¿Dónde se inicia el proceso de integración del presupuesto? _____
_____

9. ¿Cómo se involucra el Congreso en el proceso? _____
_____

10. ¿Qué sucede si las 13 medidas de adecuación no son aprobadas al inicio del año fiscal? _____
_____
_____

B. Repaso de términos claves

Explica el significado del siguiente término y proporciona ejemplos.

11. certificado de titularidad _____
_____

Los asuntos exteriores y la seguridad nacional

A. Mientras lees

Mientras lees la Sección 1, responde a las siguientes preguntas en los espacios en blanco proporcionados.

1. ¿Cuál fue el mayor cambio que tuvo lugar en las relaciones de EE.UU. con el resto del mundo después de la Segunda Guerra Mundial? _____

_____

2. ¿Qué es la política exterior? _____

3. ¿Cuál es la función principal del Departamento de Estado? _____

4. ¿Qué hace el Servicio Exterior? _____

_____

5. ¿Por qué el ejército está bajo el control civil? _____

_____

6. ¿Quiénes son los jefes militares que ayudan al ministro de la defensa? _____

_____

7. ¿Cuáles son los tres departamentos militares? _____

_____

B. Repaso de términos claves

Relaciona las descripciones in la Columna I con los términos de la Columna II. Escribe la letra correcta en cada espacio.

Column I

_____ **8.** rechazo a involucrarse en asuntos internacionales

_____ **9.** eventos que suceden dentro del propio país

_____ **10.** el derecho de enviar y recibir representantes diplomáticos

_____ **11.** libertad otorgada a los embajadores de una nación por las leyes del país que los acredita

_____ **12.** la relación de un país con otros

_____ **13.** el representante del presidente en otra nación

Columna II

a. inmunidad diplomática

b. derecho a legación

c. embajador

d. aislacionismo

e. asuntos internos

f. asuntos exteriores

© Pearson Education, Inc.

CAPÍTULO 17

Sección 2: Lectura dirigida y repaso
Otras agencias extranjeras y de defensa

A. Mientras lees

Utiliza la siguiente tabla para organizar la información de esta sección. Si las siglas son usadas, escribe el nombre completo de la agencia en las líneas proporcionadas. Después contesta las preguntas posteriores a la tabla en una hoja aparte.

Organización	Función
CIA 1. _____	2. _____ _____ _____
INS 3. _____	4. _____
NASA 5. _____	6. _____ _____ _____
Sistema de Servicio Selectivo	7. _____ _____

8. ¿Qué límite ha establecido el Congreso en las operaciones de la CIA?

9. Describe brevemente la historia de la conscripción militar en Estados Unidos.

B. Repaso de términos claves

Completa los postulados escribiendo el término correcto en la línea proporcionada.

10. Cuando se cumplen los 18 años, todos los hombres deben ser registrados en la _____, o el servicio militar obligatorio.

11. Las operaciones de la CIA incluyen _____, o escudriñar.

12. La gente que sufre persecución en su propio país puede ir a Estados Unidos por _____, o refugio.

Revisión de la política exterior americana

A. Mientras lees

Utilizando información de la Sección 3, completa el siguiente organizador gráfico.

Eventos relevantes en la política exterior americana		
Fechas	**Evento**	**Resultados**
1823	1. _____	Estados Unidos permanece fuera de los asuntos europeos y advierte a otros que permanezcan alejados de los asuntos norteamericanos.
Inicios del siglo XX	2. _____	Estados Unidos interviene en América Latina.
3. _____	Puerta abierta en China	4. _____
5. _____	EE.UU. entra a la Primera Guerra Mundial	La intención es "hacer un mundo seguro para la democracia".
1941	Japón bombardea la base naval de EE.UU. en Pearl Harbor, Hawaii	6. _____
Después de la Segunda Guerra Mundial	Seguridad colectiva	7. _____
1947	8. _____	Estados Unidos respalda naciones que permanecen libres del control soviético.
1948–1949	9. _____	Después de que los soviéticos tratan de bloquear Berlín Occidental, Estados Unidos monta un operativo aéreo para proveer suministros.
1950–1953	10. _____	Las fuerzas de las Naciones Unidas, principalmente americanas, defienden Corea del Sur contra los comunistas de Corea del Norte.
11. _____	Crisis cubana de misiles	12. _____
1965–1973	13. _____	Estados Unidos aumenta su intervención en una guerra civil de Vietnam.
14. _____	15. _____	Estados Unidos y los aliados, despliegan tropas en Kuwait para forzar el retiro de Irak.

B. Repaso de términos claves

Define los términos siguientes en una hoja de papel aparte.

16. seguridad colectiva

17. disuasión

18. guerra fría

19. contención

20. distensión

CAPÍTULO 17

Sección 4: Lectura dirigida y repaso
Ayuda externa y alianzas para la defensa

A. Mientras lees

Utiliza la siguiente tabla para organizar la información presentada en el libro de texto sobre alianzas para la seguridad.

Nombre del pacto u organización	Miembros	Acuerdo
OTAN	1.	2.
Pacto de Río	3.	4.
ANZUS	5.	6.
Pacto Japonés	7.	8.
Pacto de las Filipinas	9.	10.
Pacto Coreano	11.	12.

En otra hoja, escribe las funciones de cada una de las organizaciones de las Naciones Unidas listadas a continuación.

13. Asamblea general de justicia

14. Consejo de seguridad

15. Consejo económico y social

16. Tribunal internacional de justicia

17. Secretariado

B. Repaso de términos claves

Completa cada oración escribiendo el término correcto en la línea proporcionada.

18. De todas las regiones que reciben _____ americana, Asia es la que ha recibido mayor asistencia financiera.

19. El Pacto de Río es un ejemplo de _____.

20. Los miembros no permanentes del _____ son elegidos para períodos de dos años por la Asamblea General.

Sección 1: Lectura dirigida y repaso
El poder judicial nacional

CAPÍTULO
18

A. Mientras lees

Mientras lees la Sección 1, responde las siguientes preguntas.

1. ¿Qué creó el Artículo III, Sección 1 de la Constitución? _____

_____

2. ¿Qué son los tribunales constitucionales? _____

_____

3. ¿Qué son los tribunales especiales? _____

_____

4. ¿Bajo qué circunstancias, los tribunales federales pueden tomar un caso? ___

_____

5. ¿Cuál es el procedimiento para la selección de los jueces federales? _____

_____

6. ¿Cuál es la función principal de los jueces federales? _____

_____

7. ¿Cuánto duran los períodos de los jueces de los tribunales constitucionales? ___

8. ¿Cuánto duran los períodos de los jueces de los tribunales especiales? _____

B. Repaso de términos claves

Escribe en la columna de la derecha, la definición de cada término de la columna de la izquierda.

Término	Definición
jurisdicción exclusiva	9.
jurisdicción concurrente	10.
demandante	11.
acusado	12.
jurisdicción original	13.
jurisdicción de apelación	14.

CAPÍTULO 18
Sección 2: Lectura dirigida y repaso
Los tribunales inferiores

A. Mientras lees

Mientras lees la Sección 2, llena la siguiente tabla que te ayudará a organizar la información de cada tipo de tribunal federal que se muestra.

Tribunal	Número de tribunales	Número de jueces	Tipos de casos
1. Tribual de distrito	a.	b.	c.
2. Tribunal de apelaciones	a.	b.	c.
3. Corte Suprema	a.	b.	c.
4. Tribunal de comercio internacional	a.	b.	c.
5. Tribunal de apelaciones para el circuito federal	a.	b.	c.

Responde las siguientes preguntas.

6. ¿Con qué bases se divide Estados Unidos en distritos judiciales? _____

_____

7. ¿Cuándo y por qué se crearon los tribunales de apelaciones? _____

_____

_____

B. Repaso de términos claves

Define los siguientes términos.

8. caso criminal _____

_____

9. caso civil _____

_____

10. orden del día _____

_____

A. Mientras lees

Completa cada oracíon llenando el espacio en blanco proporcionado.

1. El término "revisión judicial" significa _____

_____.

2. En Estados Unidos, el tribunal de última instancia en cuestiones de ley federal es _____

_____.

3. El primer caso en el que la corte usó su poder de revisión judicial fue _____

_____.

4. La Corte Suprema tiene jurisdicción original en casos que involucran _____ o

aquéllos que afectan a los _____

5. Un caso se acepta si al menos _____ tribunales de justicia están de acuerdo con
colocarlo en orden del día.

6. Cuando la Corte Suprema acepta un caso, recibe documentos escritos llamados

_____ y escucha _____.

7. El día de apertura de cada período de la Corte Suprema es _____.

B. Repaso de términos claves

Completa cada enunciado en la Columna I escribiendo la letra del término en la Columna II en el
espacio en blanco.

Columna I

_____ **8.** Un juez que está de acuerdo con la Opinión de la Corte
puede no obstante decidir escribir una _____.

_____ **9.** Si el Juez primero está de acuerdo con la Opinión de
la Corte, él o ella decide quién escribirá la _____.

_____ **10.** Cuando la Corte Suprema acepta un caso para revisión,
emite un _____.

_____ **11.** Los jueces que están en desacuerdo con una opinión de
la corte pueden registrar sus puntos de vista escribiendo una _____.

_____ **12.** Si un tribunal inferior quiere consejo de la Corte Suprema
en una pregunta de ley en particular, puede emitir un _____.

Columna II

a. auto de avocación

b. certificado

c. opinión disidente

d. opinión concurrente

e. opinión mayoritaria

CAPÍTULO 18

Sección 4: Lectura dirigida y repaso
Los tribunales especiales

A. Mientras lees

Mientras lees la Sección 4, llena la siguiente tabla para organizar la información de cada tribunal especial.

Tribunal	Número de jueces	Período de los jueces	Tipos de casos
1. Tribunal de reclamaciones federales de Estados Unidos	a.	b.	c.
2. Tribunales territoriales			c.
3. Tribunal de apelaciones de las fuerzas armadas	a.	b.	c.
4. Tribunal de apelaciones para las reclamaciones de los veteranos	a.	b.	c.
5. Tribunal fiscal de Estados Unidos	a.	b.	c.

B. Repaso de términos claves

Define los siguiente términos.

6. indemnización _____

_____

7. consejo de guerra _____

_____

8. tribunal civil _____

_____

Sección 1: Lectura dirigida y repaso
Los derechos inalienables

CAPÍTULO
19

A. Mientras lees

Llena los espacios en blanco en el siguiente párrafo con las palabras o frases apropiadas tomadas del contenido de la sección.

Los redactores creyeron que el principal propósito del gobierno era (**1.**) _____.
Ellos basaron esta creencia en la (**2.**) _____ y la (**3.**) _____.
La Declaración de Derechos fue agregada a la Constitución porque (**4.**) _____.
Este documento concuerda con el principio de (**5.**) _____, que dice que los gobiernos tienen solamente aquellos poderes que les ha otorgado el pueblo. Pero aún en una democracia, los derechos individuales son ilimitados. Los derechos de cada individuo están limitados por (**6.**) _____. A menudo, los derechos de los individuos entran en conflicto y, cuando esto ocurre, se puede llamar a (**7.**) _____ para decidir qué derechos tienen prioridad. En gran parte, las protecciones de la Declaración de Derechos se extienden a (**8.**) _____ así como a (**9.**) _____, pero hay algunos derechos que pueden ser negados a (**10.**) _____.

Responde la siguiente pregunta en el espacio proporcionado.

11. ¿Cómo se ha asegurado la Corte Suprema que los estados no nieguen los derechos básicos al pueblo? _____

_____

_____

_____

B. Repaso de términos claves

Relaciona las descripciones en la Columna I con los términos en la Columna II. Escribe la letra correcta en cada espacio en blanco.

Columna I

_____ **12.** los actos positivos del gobierno que buscan hacer que las garantías de la Constitución sean una realidad para todo el pueblo

_____ **13.** residente nacido en el extranjero; no ciudadano

_____ **14.** inclusión de la Declaración de Derechos en la cláusula de vía de derecho

_____ **15.** las primeras 10 Enmiendas a la Constitución, las cuales garantizan ciertas libertades personales para todo el pueblo

_____ **16.** parte de la Constitución que evita que los estados nieguen a la gente sus derechos básicos

_____ **17.** protecciones contra el gobierno

Columna II

a. Declaración de Derechos

b. libertades civiles

c. derechos civiles

d. extranjero

e. Cláusula de Vía de Derecho

f. proceso de incorporación

CAPÍTULO 19

Sección 2: Lectura dirigida y repaso
Libertad de culto

A. Mientras lees

En otra hoja, escribe las decisiones de cada uno de los casos listados abajo. Los casos de la izquierda involucraron una interpretación de la Cláusula de establecimiento y los casos de la derecha involucraron una interpretación de la Cláusula de libre ejercicio.

Cláusula de establecimiento	Cláusula de libre ejercicio
1. *Pierce* contra *Society of Sisters*, 1925	12. *Reynolds* contra *Estados Unidos*, 1879
2. *Everson* contra *Board of Education*, 1947	13. *McGowan* contra *Maryland*, 1961
3. *Zorach* contra *Clauson*, 1952	14. *Welsh* contra *Estados Unidos*, 1970
4. *Engel* contra *Vitale*, 1962	15. *Lyng* contra *Northwest Indian Cemetery Protective Association*, 1988
5. *Abington School District* contra *Schempp*, 1963	16. *Cantwell* contra *Connecticut*, 1940
6. *Wallace* contra *Jaffree*, 1985	17. *Sherbert* contra *Verner*, 1963
7. *Santa Fe Independent School District* contra *Doe*, 2000	18. *West Virginia Board of Education* contra *Barnette*, 1943
8. *Lemon* contra *Kurtzman*, 1971	
9. *Lynch* contra *Donnelly*, 1984	
10. *Condado de Alegheny* contra *ACLU*, 1989	
11. *Marsh* contra *Chambers*, 1983	

B. Repaso de términos claves

Define los siguientes términos en el espacio proporcionado.

19. Cláusula de establecimiento _____
_____
_____

20. Cláusula de libre ejercicio _____
_____
_____

21. parroquial _____
_____
_____

Sección 3: Lectura dirigida y repaso
Libertad de prensa y de expresión

A. Mientras lees

Usa la tabla para organizar la información acerca de las decisiones de la Corte Suprema en casos que involucran la libertad de expresión y de prensa.

Caso	Fecha	Decisión
Schenck contra *Estados Unidos*	1. _____	2. _____
Miller contra *California*	1973	3. _____
New York Times contra *Estados Unidos*	4. _____	5. _____
6. _____	7. _____	los reporteros deben responder a las preguntas relevantes en una investigación del gran jurado o un juicio criminal
Burstyn contra *Wilson*	1952	8. _____
9. _____	1940	la televisión está protegida por la Primera Enmienda, pero su protección es muy limitada
10. _____	1940	fulminó una ley que hacía que la actuación de huelguistas en el lugar de trabajo fuera un crimen
Greater New Orleans Broadcasting Association contra *Estados Unidos*	11. _____	12. _____

B. Repaso de términos claves

En otra hoja, define los siguientes términos.

13. difamación
14. calumnia
15. sedición
16. discurso sedicioso
17. restricción previa
18. ley shield
19. discurso simbólico
20. actuación de huelguistas

Sección 4: Lectura dirigida y repaso
Libertad de reunión y de petición

A. Mientras lees

El siguiente párrafo resume la Sección 4. Mientras lees la sección, llena los espacios en blanco con las palabras o frases faltantes.

La (1.) _____ Enmienda garantiza el derecho del pueblo a
(2.) _____, pacíficamente y a pedir al gobierno (3.) _____.
La (4.) _____ Enmienda extiende esta protección a las acciones del estado y gobiernos locales. Si embargo, el tribunal ha permitido al gobierno colocar límites razonables en aquellos derechos en la forma de las regulaciones de (5.) _____. Por ejemplo, los desfiles no pueden llevarse a cabo cerca de un tribunal cuando la corte está en sesión si hay
(6.) _____. Pero la regulación del gobierno del derecho de asociación debe ser precisamente especificada y (7.) _____. Además, el gobierno puede regular la asamblea en las bases de (8.) _____, pero no puede regularla en las bases de
(9.) _____.

Muchas manifestaciones se llevan a cabo en lugares públicos porque
(10.) _____. Sin embargo, el tribunal ha sostenido que es permisible para el gobierno requerir a los manifestantes que (11.) _____ y adquieran
(12.) _____ antes de manifestar en lugares públicos.

En el caso de *Gregory* contra *Chicago,* 1969, el tribunal dijo que a los manifestantes no se les podía culpar de conducta desordenada mientras ellos (13.) _____, aún si sus acciones provocan (14.) _____

En años más recientes, los casos se han enfocado en manifestaciones en
(15.) _____. El tribunal sostiene que las ordenanzas locales pueden requerir una zona intermedia para evitar que se bloquee el acceso.

Las demostraciones en (16.) _____, como centros comerciales, son vistos de forma diferente por el tribunal. El tribunal ha decidido que las cortes supremas del estado pueden interpretar las constituciones del estado en tal forma que permita (17.) _____.

B. Repaso de términos claves

Define los siguientes términos en el espacio proporcionado.

18. reunir _____
_____

19. contenido neutral _____
_____

20. garantía de reunión _____
_____

Sección 1: Lectura dirigida y repaso
Ley de vía de derecho

CAPÍTULO
20

A. Mientras lees

Usa la siguiente tabla para organizar la información acerca de los usos legítimos del poder de la policía de los estados.

Usos del poder de la policía	
Es el deber de los estados proteger:	**Ejemplos**
la salud	1. _____ _____
2. _____ _____	leyes de cinturones de seguridad, leyes en contra de manejar bajo la influencia del alcohol, leyes en contra de portar armas ocultas
la moral	3. _____ _____
4. _____ _____	leyes de educación obligatoria, regulación de los servicios públicos, asistencia médica a los necesitados

B. Repaso de términos clave

Define los siguientes términos en una hoja de papel aparte. Luego, describe un caso de un tribunal involucrando cada uno.

5. decisión de proceso de vía de derecho
6. proceso sustantivo de vía de derecho
7. derecho de privacidad

En el espacio proporcionado, usa cada término en un enunciado que muestre su significado.

8. poder de la policía _____

_____

_____

9. orden de cateo _____

_____

_____

CAPÍTULO 20

Sección 2: Lectura dirigida y repaso
Libertad y seguridad de la persona

A. Mientras lees

Mientras lees la sección, completa la tabla siguiente. Escribe las provisiones de cada enmienda en la primera columna. En la segunda columna da un ejemplo de una decisión de la Corte Suprema que haya sido basada en las provisiones de cada enmienda.

Enmienda	Provisiones	Ejemplos
Decimotercera	1.	2.
Segunda	3.	4.
Tercera	5.	No aplica
Cuarta	6.	7.

B. Repaso de términos claves

Relaciona las descripciones en la Columna I con los términos en la Columna II. Escribe la letra correcta en cada espacio en blanco.

Columna I

_____ 8. mano de obra forzosa

_____ 9. una sospecha de crimen razonable

_____ 10. parcialidad; injusticia

_____ 11. obtención ilegal de evidencia que no puede ser usada en contra de la persona de quien fue obtenida

_____ 12. una propuesta de orden de cateo

Columna II

a. regla de exclusión

b. orden de transferencia de posesión de un inmueble

c. discriminación

d. causa probable

e. servidumbre involuntaria

Sección 3: Lectura dirigida y repaso

Los derechos del acusado

CAPÍTULO 20

A. Mientras lees

Copia la tabla siguiente en otra hoja y llena los espacios en blanco para organizar la información acerca de los términos legales presentados en esta sección.

Término legal	Definición	Propósito
orden de hábeas corpus	1.	2.
acto de proscripción	3.	4.
5.	ley criminal que aplica a un acto cometido antes de su aprobación	6.
acusación formal	7.	evita que los fiscales parciales y demasiado entusiastas condenen a la gente por crímenes
8.	acusación formal expresada por un gran jurado en su propia propuesta	permite al gran jurado actuar cuando un fiscal tiene algún interés en no continuar acusando
doble riesgo	9.	10.
juicio sin jurado	11.	el acusado siempre tiene el derecho a un juicio con jurado, pero puede ser eliminado si el acusado está consciente de sus derechos
12.	13.	para evitar que la policía fuerce confesiones o testimonios autoincriminatorios de sospechosos sin información

Responde las siguientes preguntas en una hoja de papel aparte.

14. ¿Cuáles son los cuatro criterios usados para determinar si la demora de un juicio es anticonstitucional?

15. ¿Qué es un jurado ordinario?

16. ¿Cuál fue la decisión de la Corte Suprema en *Escobedo* contra *Illinois*, 1964?

17. ¿Qué prohíbe la 5th Enmienda?

B. Repaso de términos claves

Define el siguiente término en una hoja de papel aparte.

18. gran jurado

CAPÍTULO 20
Sección 4: Lectura dirigida y repaso
El castigo

A. Mientras lees

Cada uno de los enunciados bajo el encabezado principal es incorrecto. Vuélvelos a escribir de forma correcta en una hoja de papel aparte.

Detención preventiva y fianza

1. Cada persona acusada de un crimen debe tener permiso de establecer su propia fianza.

2. La Corte Suprema rechazó la detención preventiva en *Stack* contra *Boyle*, 1951.

Castigo cruel e inusual

3. La Sexta Enmienda prohibe castigos crueles e inusuales y la Decimotercera Enmienda extiende esta prohibición a los estados.

4. La Corte Suprema ha decidido que la muerte por batallón de fusilamiento es cruel e inusual.

La pena capital

5. Treinta estados tienen leyes de pena capital.

6. Un estado puede imponer la pena capital solo para crímenes de crueldad excesiva hacia la víctima.

Traición

7. Traición es el único crimen específicamente definido en la Constitución porque los redactores sabían que su significado se perdería con el tiempo.

8. Una persona puede ser convicta de traición si hay un testigo ocular del acto de traición.

B. Repaso de términos claves

Relaciona las descripciones en la Columna I con los términos en la Columna II. Escribe la letra correcta en cada espacio en blanco.

Columna I

_____ 9. fomentar la guerra en contra de Estados Unidos o ayudar a sus enemigos

_____ 10. retener al acusado sin fianza antes del juicio, cuando hay razón para creer que el acusado cometerá crímenes serios

_____ 11. dinero que una persona acusada debe depositar en la corte para garantizar una comparecencia en el juicio

_____ 12. la pena de muerte

Columna II

a. fianza

b. detención preventiva

c. pena capital

d. traición

© Pearson Education, Inc.

Lectura dirigida y repaso

CAPÍTULO 21

A. Mientras lees

Mientras lees la sección, resume la información dada en cada grupo abajo en el espacio proporcionado.

Afroamericanos
1. _____
_____
_____
_____
_____

Amerindios
2. _____
_____
_____
_____
_____

Hispanoamericanos
3. _____
_____
_____
_____
_____

Asiáticos americanos
4. _____
_____
_____
_____
_____

Mujeres
2. _____
_____
_____
_____
_____

B. Repaso de términos claves

Coloca una marca junto a cada uno de los siguientes pares que relacione correctamente un término de este capítulo con su definición.

❑   **6.** reservación – tierra que el gobierno separó para los amerindios

❑   **7.** heterogéneo – hecho de varios ingredientes

❑   **8.** asimilación – acuerdo

❑   **9.** refugiado – persona que llega a Estados Unidos por razones religiosas

❑   **10.** inmigrante – nuevo ciudadano

CAPÍTULO 21

Sección 2: Lectura dirigida y repaso
Igualdad ante la ley

A. Mientras lees

Completa el esquema proporcionando las palabras o frases faltantes en los espacios en blanco.

Cláusula de igualdad de protección

1. Clasificación razonable – Al gobierno se le permite _____, o hacer distinciones, entre grupos, pero no puede ser _____.

2. La Prueba de base racional – la prueba de base racional pregunta: ¿La clasificación en cuestión trata una relación razonable para el alcance de algún _____?

3. La Prueba de escrutinio estricto – En casos donde se trata con "_____", como el del derecho al voto, o "_____", como aquéllos basados en raza o sexo, la Corte Suprema impone la prueba de escrutinio estricto, la cual requiere que el estado pruebe que algún "_____" justifica la distinción que se le ha dado.

Segregación en América

4. La Doctrina de separados pero iguales – En 1896, la Corte Suprema estuvo en contra de la segregación racial diciendo que las instalaciones separatistas para afroamericanos eran legales mientras las instalaciones separatistas fueran _____.

5. *Brown* contra *Topeka Board of Education, 1954* – En 1954 la Corte se contradijo, decidiendo que la segregación era _____ y debería terminarse.

6. La Segregación De Jure y De Hecho – La atención se volcó hacia las escuelas que practicaban _____, a menudo provocadao por los patrones de vivienda.

Clasificación por sexo

7. Hasta hace 20 años, la Corte había sostenido clasificaciones _____.

8. Hoy, sexo es una "clasificación sospechosa" y se permite solo en casos donde la ley es para servir un "objetivo _____ importante".

B. Repaso de términos claves

Define los siguientes términos en una hoja de papel aparte.

9. segregación

10. ley Jim Crow

11. doctrina de separados pero iguales

12. integración

13. segregación de jure

14. segregación de hecho

Sección 3: Lectura dirigida y repaso

Ley de los derechos civiles federales

A. Mientras lees

Usa la línea cronológica para organizar la información de la legislación de los casos de la Corte Suprema relacionados con los derechos civiles. Llena el acto o caso apropiado para cada fecha indicada en la línea cronológica en el espacio que se proporciona. Después, explica el significado de cada evento.

Leyes de los derechos civiles federales

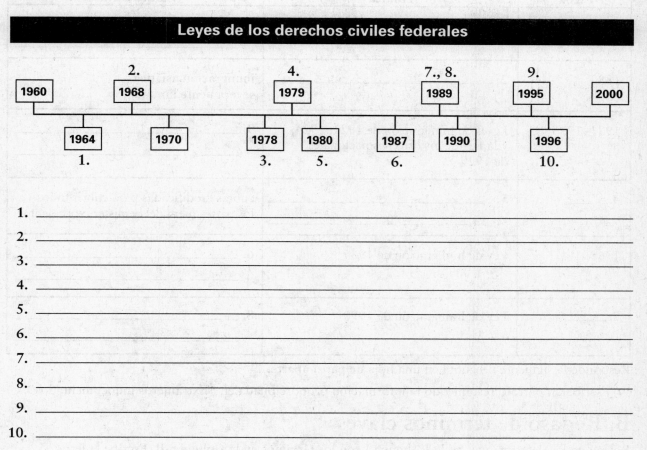

1. _____
2. _____
3. _____
4. _____
5. _____
6. _____
7. _____
8. _____
9. _____
10. _____

B. Repaso de términos claves

En una hoja de papel aparte, define los siguientes términos.

11. acción afirmativa

12. cuota

13. derogar la discriminación

CAPÍTULO 21

Sección 4: Lectura dirigida y repaso
Ciudadanía americana

A. Mientras lees

Usa la información de la Sección 4 para completar la siguiente tabla.

Cambios en la política de inmigración de Estados Unidos		
Fecha	Política	Caraterísticas
Independencia–década de 1880	Fronteras abiertas	1. _____
1882	2. _____	inmigración asiática severamente limitada
1921–1929	Leyes de Inmigración de 1921, 1924, y la Ley de los origenes nacionales de 1929	3. _____
4. _____	5. _____	cuotas modificadas para cubrir todos los países fuera del hemisferio occidental
1965	Ley de Inmigración de 1965	6. _____
7. _____	Ley de Inmigración de 1990	8. _____

Responde la siguiente pregunta en una hoja de papel aparte.

9. Escribe un párrafo resumiendo la información proporcionada en "Extranjeros indocumentados".

B. Repaso de términos claves

Relaciona las descripciones en la Columna I con los términos en la Columna II. Escribe la letra correcta en cada espacio en blanco.

Columna I

_____ 10. ciudadano de un estado extranjero viviendo en este país

_____ 11. proceso legal por el cual una persona se convierte en ciudadano de un país en algún momento después de su nacimiento

_____ 12. alguien que jura lealtad al estado y tiene derecho a su protección

_____ 13. proceso legal por medio del cual se pierde la ciudadanía

_____ 14. pérdida involuntaria de la ciudadanía para alguien que no nació aquí, normalmente por fraude

_____ 15. requerir legalmente que un extranjero salga de Estados Unidos

_____ 16. la ley del suelo; donde uno nace

_____ 17. la ley de la sangre; relacionado con los padres

Columna II

a. ciudadano

b. derecho individual

c. derecho de sangre

d. naturalización

e. extranjero

f. expatriación

g. desnaturalización

h. deportación

Sección 1: Lectura dirigida y repaso
Gran Bretaña

A. Mientras lees

La siguiente tabla compara los gobiernos de Estados Unidos y Gran Bretaña. Mientras lees la Sección 1, completa la tabla llenando la información que describe el gobierno de Gran Bretaña para cada categoría que se muestra.

Una comparación del gobierno de Estados Unidos y el de Gran Bretaña		
	Estados Unidos	**Gran Bretaña**
Constitución	Escrita	1.
Monarca	Ninguno	2.
Poderes del gobierno	Separados	3.
Cuerpo legislativo	Congreso bicameral (Senado, Cámara de Representantes)	4.
Ejecutivo	Presidente (jefe del estado y jefe de gobierno)	5.
Elecciones	Programadas regularmente (representantes, 2 años; senadores, 6 años; presidente, 4 años)	6.
Partidos	2 partidos mayores (Republicano y Democrático)	7.
Gobierno nacional y local	Separados el gobierno estatal y el federal	8.
Poder judicial nacional	Corte Suprema independiente	9.

B. Repaso de términos claves

Define los siguientes términos en una hoja de papel aparte.

10. monarquía
11. por elección
12. coalición
13. ministro
14. gabinete del partido de oposición
15. devolución

CAPÍTULO 22

Sección 2: Lectura dirigida y repaso
Japón

A. Mientras lees

Mientras lees la Sección 2, responde las siguientes preguntas en una hoja de papel aparte.

1. ¿Qué tipo de gobierno tuvo Japón hasta las décadas de 1850 y 1860?

2. ¿Cuál fue el objetivo de Japón después de su encuentro con los poderes occidentales?

3. ¿Qué evento causó un cambio dramático en la política japonesa entre 1945 y 1952?

4. ¿Qué forma de gobierno hicieron los americanos que aceptara Japón?

5. ¿Qué característica única tuvo la nueva constitución?

6. ¿Qué es la Cámara de Cancilleres y qué clase de poder tiene?

7. ¿Qué es la Cámara de Representantes y qué clase de poder tiene?

8. ¿Qué es consenso político y qué papel juega en la política japonesa?

9. ¿Qué hace que el primer ministro y su gabinete mantengan acuerdos en la mayoría de los asuntos?

10. ¿Qué es la burocracia y qué papel juega en el gobierno japonés?

11. ¿Qué partido dominó la política japonesa durante la mayor parte del período después de la Segunda Guerra Mundial?

12. ¿En qué se parecen los tribunales japoneses a los de Estados Unidos?

B. Repaso de términos claves

Completa cada oración en la Columna I escribiendo la letra del término en la Columna II en el espacio en blanco.

Columna I

_____ 13. Debido a propósitos políticos Japón ha estado dividido en 47 distritos llamados ___.

_____ 14. El primer ministro tiene el poder de disolver la Cámara de Representantes, un paso llamado ___, lo cual lleva a las elecciones inmediatas.

_____ 15. ___ es el nombre del parlamento japonés.

_____ 16. Un área que tiene más de un representante se conoce como ___.

_____ 17. Los japoneses aprecian el ___, o acuerdos amplios en asuntos políticos.

Columna II

a. *National Diet*

b. prefecturas

c. distrito con múltiples representantes

d. consenso

e. disolución

A. Mientras lees

Mientras lees la Sección 3, completa la tabla siguiente comparando el gobierno de México con el de Estados Unidos. Después responde la pregunta que sigue en una hoja de papel aparte.

	México	Estados Unidos
Principios	Se independizó de 1. _____	Se independizó de Inglaterra
Las tres ramas del gobierno	2. _____ 3. _____ 4. _____	Ejecutiva, legislativa y judicial
Período presidencial	Puede servir 5. _____ 6. período de _____ años	Puede servir dos períodos de cuatro años
Congreso	Bicameral: 7. _____ y 8. _____	Bicameral: Senado y Cámara de Representantes
Sistema de tribunales	9. _____ _____	Sistema independiente de tribunales federales y estatales
Partidos políticos	10. _____ 11. _____ 12. _____	Dos partidos mayoritarios: Democrático y Republicano

13. ¿Cuál fue el cambio principal que se llevó a cabo con la elección del presidente Vicente Fox en 2000?

B. Repaso de términos claves

Completa cada oración escribiendo el término correcto en el espacio en blanco proporcionado.

14. Desde 1938 la _____ de la industria del petróleo ha servido como un símbolo de la independencia mexicana del dominio extranjero.

15. México tiene una cultura _____ formada por españoles e indígenas.

16. El tratado de libre comercio conocido como _____ elimina las barreras de comercio entre Estados Unidos, México y Canadá.

CAPÍTULO 22

Sección 4: Lectura dirigida y repaso
Rusia

A. Mientras lees

La tabla cronológica incompleta incluye algunos de los eventos dramáticos de la historia política de Rusia y el Soviet. Mientras lees la Sección 4, escribe los eventos faltantes.

| Eventos políticos importantes en Rusia ||
Año	Evento
1721	1.
1905	2.
1917	3.
1924	4.
décadas de 1950–1990	5.
1985	6.
1991	7.
1993	8.
1999	9.

Responde las siguientes preguntas en una hoja de papel aparte.

10. ¿Cuál es la estructura de la legislatura rusa?

11. ¿Qué tipos de gobiernos locales hay en la Federación Rusa?

B. Repaso de términos claves

Define los siguiente términos en el espacio proporcionado.

12. purga _____

13. soviet _____

14. *perestroika* _____

15. *glasnost* _____

A. Mientras lees

Usando la información de la Sección 5, completa la tabla siguiente, la cual muestra la organización del partido comunista chino.

Unidad	Función
Partido Nacional del Congreso	1. _____ _____
2. _____	elige el Politburó
Politburó	3. _____
4. _____	toma decisiones diarias para el partido (y por lo tanto para el gobierno)

En una hoja de papel aparte, responde las siguientes preguntas mientras lees la Sección 5.

5. ¿Cuándo empezó la forma actual de gobierno de China y quién fue su líder?

6. ¿En qué se diferencian las constituciones chinas de las constituciones de Estados Unidos y de muchos otros países?

7. ¿Qué organización controla efectivamente el gobierno de China?

8. ¿Cuáles son las dos partes principales del gobierno nacional de China?

9. ¿Cuál es la estructura del sistema judicial de China?

10. ¿Cómo se gobierna Hong Kong?

B. Repaso de términos claves

Completa cada oración escribiendo el término correcto en el espacio en blanco proporcionado.

11. En 1966, durante la _____, la Guardia Roja atacó maestros, intelectuales y otros que no tenían suficiente entusiasmo revolucionario.

12. China tiene cinco regiones _____ o independientes.

CAPÍTULO 23

Sección 1: Lectura dirigida y repaso
Capitalismo

A. Mientras lees

En una hoja de papel aparte, copia y completa la tabla escribiendo las respuestas a las preguntas en el espacio proporcionado.

1. ¿Cuáles son los cuatro factores de la producción?

   a. _____

   b. _____

   c. _____

   d. _____

2. ¿Cuáles son las cuatro características de un sistema de libre empresa?

   a. _____

   b. _____

   c. _____

   d. _____

Capitalismo

3. Describe las leyes de oferta y demanda.

   _____

   _____

   _____

   _____

4. ¿Cuáles son los tres tipos de negocios y cuáles son sus ventajas y desventajas?

   a. _____

   b. _____

   c. _____

B. Repaso de términos claves

Responde las siguientes preguntas en el espacio proporcionado.

5. ¿Cuál es la diferencia entre un capitalista y un empresario? _____

_____

_____

6. Describe la teoría de liberalismo. _____

_____

_____

A. Mientras lees

Los puntos principales de la Sección 2 se dan a continuación. Mientras lees la sección, escribe los puntos de apoyo escribiendo las respuestas a las preguntas.

Socialismo

1. ¿Qué es el socialismo? _____

_____

La revolución industrial

2. ¿Qué fue la revolución industrial? _____

_____

3. ¿Quién fue Carlos Marx? _____

4. ¿Qué pensaba Marx del capitalismo? _____

_____

5. ¿En qué se parecían y en qué se diferenciaban el socialismo y el comunismo? _____

_____

Características de las economías socialistas

6. ¿Qué es nacionalización? _____

_____

7. ¿Cómo esperaban los socialistas ayudar a las masas? _____

_____

8. ¿Por qué los impuestos son altos en los países socialistas? _____

_____

9. Describe el término "economía de mando". _____

_____

Socialismo en los países en desarrollo

10. ¿Qué atrae a los países desarrollados al socialismo? _____

_____

Pros y contras

11. ¿Cuáles son las tres mayores críticas del socialismo? _____

_____

B. Repaso de términos claves

En una hoja de papel aparte, define los siguientes términos.

12. proletariado

13. burguesía

14. estado benefactor

15. economía de mercado

16. economía de planificación centralizada

CAPÍTULO 23

Sección 3: Lectura dirigida y repaso
Comunismo

A. Mientras lees

La siguiente tabla lista cuatro conceptos que analizó Marx y su relación con el capitalismo. Mientras lees la Sección 3, completa la tabla explicando el punto de vista de Marx de cada uno de los conceptos.

Opiniones de Marx sobre el capitalismo	
Opinión de la historia	1.
Teoría del valor	2.
Naturaleza del estado	3.
Dictadura del proletariado	4.

Lista las cuatro características principales de las economías comunistas.

5. _____
6. _____
7. _____
8. _____

B. Repaso de términos claves

Define los siguientes términos en el espacio proporcionado.

9. comunismo _____
_____

10. *Gosplan* _____
_____

11. privatización _____
_____

12. Gran Salto Hacia Delante _____
_____

13. comuna _____
_____

Sección 1: Lectura dirigida y repaso
Constituciones del estado

A. Mientras lees

Mientras lees la Sección 1, escribe las respuestas a las preguntas en el espacio proporcionado.

Describe las cinco categorías principales por las cuales todas las constituciones del estado pueden ser descritas.

1. _____

2. _____

3. _____

4. _____

5. _____

Completa la tabla para explicar el proceso de enmienda para las constituciones del estado.

Las enmiendas pueden ser propuestas por:	Las enmiendas pueden ser ratificadas por:
6. _____	9. _____
7. _____	
8. _____	

10. Explica la diferencia entre ley estatutaria y ley fundamental. _____

_____

_____

_____

B. Repaso de términos claves

Explica cada uno de los siguientes términos en el espacio proporcionado.

11. soberanía popular _____

_____

12. gobierno limitado _____

_____

13. iniciativa _____

_____

CAPÍTULO 24
Sección 2: Lectura dirigida y repaso
Legislaturas del estado

A. Mientras lees

Mientras lees la Sección 2, escribe las respuestas a las preguntas en las líneas proporcionadas.

1. ¿Qué requisitos formales establecen muchos estados para la membresía en la legislatura? _____
_____
_____

2. ¿Cuál es el período regular para los legisladores del estado? _____
_____
_____

3. ¿Cuáles son los ocho poderes legislativos más importantes de las legislaturas del estado? _____
_____
_____

4. Nombra tres funciones no legislativas de las legislaturas del estado. _____
_____
_____

5. ¿Cómo funciona el sistema de comités en las legislaturas del estado? _____
_____
_____

6. ¿Dónde se origina un gran número de propuestas de ley? _____
_____
_____

B. Repaso de términos claves

Define los siguientes términos en las líneas proporcionadas.

7. poder constituyente _____
_____

8. poder policial _____
_____

9. referéndum _____
_____

El gobernador y la administración del estado

A. Mientras lees

Mientras lees la Sección 3, completa la tabla con la información acerca de los poderes de los gobernadores.

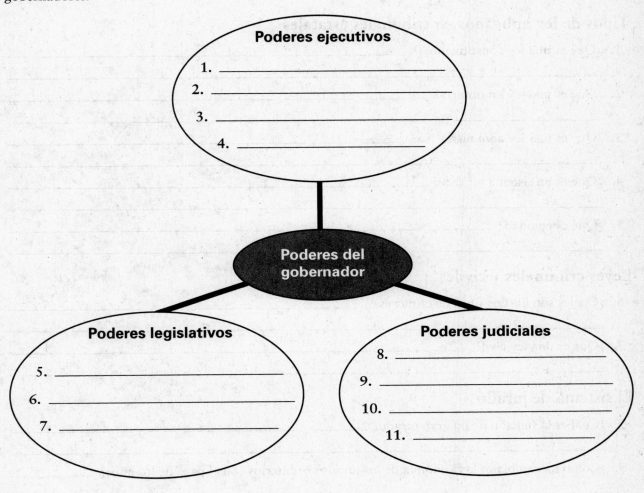

B. Repaso de términos claves

Completa cada enunciado escribiendo el término correcto en el espacio en blanco proporcionado.

12. El gobernador tiene el poder para _____ o posponer la ejecución de una sentencia.

13. El gobernador tiene el poder para _____ o liberar a una persona de las consecuencias legales de un crimen.

14. El gobernador tiene el poder de _____ o liberar a un prisionero antes de completar el período de su sentencia.

15. El gobernador tiene el poder de _____ o reducir una sentencia.

Sección 4: Lectura dirigida y repaso
En la sala de tribunal

A. Mientras lees

Los puntos principales de la Sección 4 se proporcionan abajo. Mientras lees la sección, llena los detalles de apoyo respondiendo a las preguntas.

Tipos de ley aplicados en tribunales estatales

1. ¿Qué es una ley constitucional? _____

2. ¿Qué es una ley estatutaria? _____

3. ¿Qué es una ley administrativa? _____

4. ¿Qué es un sistema jurídico? _____

5. ¿Qué es equidad? _____

Leyes criminales y civiles

6. ¿Cuáles son los dos tipos de crímenes? _____

7. ¿Qué es una ley civil? _____

El sistema de jurado

8. ¿Cuál es la función de un gran jurado? _____

9. ¿Cómo ha cambiado la fisonomía de los jurados ordinarios con el paso de los años? _____

10. ¿Cómo se seleccionan los miembros de un jurado de juicio? _____

B. Repaso de términos claves

Responde la siguiente pregunta en una hoja de papel aparte.

11. ¿Qué es un precedente y qué parte juega en el sistema jurídico?

A. Mientras lees

La siguiente tabla muestra los diferentes tipos de tribunales locales y del estado. Junto al nombre de cada tipo de tribunal local y de estado, describe brevemente el tipo de casos que atiende.

Tribunales locales y del estado	
Juez de paz	1.
Tribunal de magistrados	2.
Corte municipal	3.
Corte juvenil	4.
Tribunal de casos generales	5.
Tribunal intermedio de apelación	6.
Corte suprema del estado	7.

B. Repaso de términos claves

Usa cada término en un enunciado que muestre su significado.

8. mandamiento judicial _____

_____

9. audiencia preliminar _____

_____

10. jurisdicción de apelación _____

_____

CAPÍTULO 25
Sección 1: Lectura dirigida y repaso
Condados, pueblos y municipios

A. Mientras lees

La información siguiente lista los puntos principales de la Sección 1. Mientras lees la sección, llena los detalles de apoyo respondiendo las preguntas en una hoja de papel aparte.

Los condados

1. ¿Cuáles son las estadísticas de los tamaños extremos de los condados y sus poblaciones?

2. ¿Qué poderes tiene el gobierno típico del condado?

3. ¿Cuáles son algunos de los títulos que tienen los oficiales electos del condado y qué hacen?

4. ¿Cuánta gente trabaja en burocracias del gobierno de un condado en Estados Unidos?

Funciones de los condados

5. ¿Cuáles son las funciones principales desempeñadas por el gobierno de los condados?

Pueblos y municipios

6. ¿Qué es distintivo del pueblo de New England?

7. ¿En qué son diferentes los municipios de New York, New Jersey y Pennsylvania de los de Ohio y más hacia el oeste?

Distritos especiales

8. ¿Qué trabajos efectúan los distritos especiales?

B. Repaso de términos claves

Completa cada enunciado escribiendo el término correcto en el espacio en blanco proporcionado.

9. En Alaska, la unidad principal de gobierno local es _____.

10. En la mayor parte de Estados Unidos, incluyendo Texas, la unidad principal de gobierno local es

_____.

11. Un _____ es una unidad independiente de gobierno local establecida para manejar un problema o tarea específica.

12. En Louisiana, la unidad principal de gobierno local es _____.

13. En el oeste medio, los condados son divididos normalmente en unidades conocidas como

_____, las cuales se comparten las obligaciones del gobierno local.

Lectura dirigida y repaso

A. Mientras lees

Mientras lees la Sección 2, llena la tabla con la información de las tres formas de gobierno de la ciudad.

Formas del gobierno de la ciudad	Descripción
Concilio del alcalde	1.
Alcalde fuerte	2.
Alcalde débil	3.
Comisiones	4.
Concilio del administrador	5.

Responde las siguientes preguntas en el espacio proporcionado.

6. ¿Cuál es la forma de determinar las regulaciones urbanas y por qué es importante para la planeación urbana de la ciudad? _____
_____

7. Describe brevemente la razón para el crecimiento suburbano. _____
_____

B. Repaso de términos claves

Define los siguientes términos en el espacio proporcionado.

8. incorporación _____
_____

9. carta _____
_____

10. área metropolitana _____
_____

CAPÍTULO 25

Sección 3: Lectura dirigida y repaso
Proporcionar servicios importantes

A. Mientras lees

Mientras lees la Sección 3, completa la tabla escribiendo los ejemplos de cada uno de los servicios proporcionados por el estado.

Servicios estatales	Ejemplo
Educación	
Educación superior	1.
Educación primaria y secundaria	2.
Bienestar público	
Salud	3.
Asistencia social	4.
Seguridad pública	5.
Carreteras	6.
Otros servicios	7.

B. Repaso de términos claves

Escribe los términos faltantes para completar los siguientes enunciados.

8. La ayuda a las familias con niños dependientes *(AFDC)* es un programa de _____, lo que significa que cualquiera que cubra los requerimientos de elegibilidad puede recibir beneficios.

9. Los estados ayudan a los ciudadanos mediante _____ o asistencia en efectivo para los pobres.

10. Las familias de bajos ingresos pueden tener seguro médico a través del _____.

11. Los presupuestos estatales dependen del tamaño de la población de sus ciudades y suburbios o de su nivel de _____.

A. Mientras lees

Mientras lees la Sección 4, completa el diagrama escribiendo las fuentes de ingreso del gobierno estatal y local en los espacios proporcionados.

B. Repaso de términos claves

Lee cada enunciado. Si el enunciado es verdadero escribe V en el espacio en blanco proporcionado. Si es falso, escribe F.

_____ 13. Un impuesto sobre la venta se carga a la venta de bienes como gasolina y cigarrillos.

_____ 14. El valor tasado de la propiedad sujeta a impuestos, siempre se determina en bases iguales y justas.

_____ 15. Los impuestos sucesorios y al patrimonio se conocen siempre como "impuestos sucesorios" porque siguen vigentes después de que una persona muere.

_____ 16. El impuesto sobre la venta es probablemente el impuesto más difícil de cobrar para un estado.

_____ 17. Los impuestos que se establecen de acuerdo con la habilidad para pagar de una persona se llaman impuestos regresivos.

_____ 18. Generalmente, los impuestos aplicados en el ingreso anual de los individuos y corporaciones son progresivos.